公路建筑学实务

李祝龙　等著
霍　明　主审

人民交通出版社

内 容 提 要

本书内容主要包括带状的公路建筑空间、公路线形的韵律、路基路面建筑、桥梁建筑、隧道建筑及房屋建筑等，通过一些实例介绍了公路建筑学的应用与实践，重点阐述了公路工程与艺术、心理及环境空间的协调。此外，立足公路建筑学，阐述了公路建筑设计方法及文件编制。

本书可供从事公路及其他土建工程专业的设计、科研、施工与建设管理技术人员参考使用，也可作为相关专业高等院校师生的教学参考书。

图书在版编目(CIP)数据

公路建筑学实务/李祝龙等著. —北京：人民交通出版社，2013.2

ISBN 978-7-114-10283-7

Ⅰ.①公… Ⅱ.①李… Ⅲ.①道路工程 Ⅳ.①U41

中国版本图书馆 CIP 数据核字(2013)第 320621 号

书　　名：公路建筑学实务
著 作 者：李祝龙等
责任编辑：郑蕉林　刘永超
出版发行：人民交通出版社
地　　址：(100011)北京市朝阳区安定门外外馆斜街 3 号
网　　址：http://www.ccpress.com.cn
销售电话：(010)59757973
总 经 销：人民交通出版社发行部
经　　销：各地新华书店
印　　刷：中国电影出版社印刷厂
开　　本：720×960　1/16
印　　张：10.75
字　　数：200 千
版　　次：2013 年 3 月　第 1 版
印　　次：2013 年 3 月　第 1 次印刷
书　　号：ISBN 978-7-114-10283-7
印　　数：0001—1500 册
定　　价：38.00 元

前　言

随着我国公路建设的快速发展，在公路交通系统的建设与管理中出现了许多新的建设理念，如“生态路”、“环保路”等，这些理念为建设资源节约型、环境友好型公路提供了技术支持和管理思路。但是理念的理解因人而异，如果要指导工程实践，就必须上升到理论高度，我们提出“公路建筑学”的理论并进行研究，拟采用科学的公路建筑学理论和方法研究公路工程。

公路建筑学是研究公路建筑群的综合性科学，它涉及公路带状建筑群功能、公路建筑心理、工程技术、建筑经济、建筑艺术以及环境、景观等内容。公路建筑学不等于公路的建筑学，也不是简单地应用建筑学方法研究公路，而是心理学、艺术、环境等科学与公路工程科学技术的交叉学科，追求同时运用这些学科的方法和公路工程科学技术方法研究公路。

《公路建筑学实务》通过一些实例介绍了公路建筑学的应用与实践。从公路主要建筑群的角度阐述公路工程与艺术、心理及环境空间的协调。

全书分 7 章。第 1 章为带状的公路建筑空间，以一些实例介绍带状的公路建筑群空间特征，重点阐述带状空间的心理序列、不同地貌的带状空间特征，带状空间的开放闭合效应和外部环境特征，并针对带状属性讨论公路建筑小区的划分。

第 2 章为公路线形与视觉的韵律，主要通过一些工程实例论证公路线形的韵律性，侧重用一些实例强调路线各要素之间应相互协调，从视觉、心理等角度考虑，注意避免一些不利组合，避免给驾驶人造成错觉和操作失误。

第 3 章为带状的路基路面建筑，侧重从路基空间的变化和开敞化处理、路基温度与湿度、公路防眩、路面的多彩化、变形与舒适性等方面介绍公路建筑设计应该兼顾考虑的因素。

第 4 章公路桥梁建筑，主要介绍公路桥梁的组成和分类、桥梁造型、桥梁色彩与照明、栏杆等，力图通过一些实例的介绍引导公路桥梁建筑设计。

第 5 章公路隧道建筑，重点介绍公路隧道的功能、组成与分类，隧道几何(包括线形及断面几何)设计，以及隧道洞门、内装、照明设计要点与实例等。

第 6 章公路房屋建筑，介绍公路房屋建筑的特点与分类、公路房屋建筑选址、服务设施设计与应用示例、管理设施设计与应用示例。

第 7 章公路建筑设计方法及文件编制，介绍公路建筑设计与总体设计的关系，以及基于目前总体设计基础上公路建筑设计文件的编制。

撰写过程中，将公路的功能、公路心理学、公路与环境的协调性等均纳入上述各章之中。关于公路建筑文化设计示例、公路建筑环境科学实践与应用以及环境保护等方面内容，本书未能撰写专门的应用章节，读者可以关注相关论著。

本书由李祝龙教授级高工撰写、统稿，其中第6章由张社升、李祝龙撰写，谷晓旭博士撰写了第3章的部分内容。本书由全国勘察设计大师霍明教授级高工主审。

本书在编写过程中得到了中交第一公路勘察设计研究院有限公司的基金资助，同时得到了赵永国等同志的帮助，以及其他同事的帮助与支持，在此，向他们一并表示诚挚的谢意！

由于作者水平有限，不妥之处在所难免，诚望批评指正。

作　者

二〇一二年七月于西安

目　录

第 1 章　带状的公路建筑空间

带状的公路建筑空间是公路建筑学研究的重点之一。

相对于建筑单体的内部空间而言，公路建筑群总体上是一个带状的外部空间；相对于公路占地以外的自然界而言，公路建筑群又似一个“相对封闭”的带状空间（如全封闭的高速公路、一级公路等）或“半封闭半开敞”的带状空间。在研究公路建筑群时，我们暂将公路建筑群视为带状的外部空间，以一个公路行为人来审视公路建筑群的空间特性。

本章以一些实例介绍带状的公路建筑群空间特征，重点阐述带状空间的心理序列、不同地貌的带状空间特征，带状空间的开放闭合效应和外部环境特征，并针对带状属性讨论公路建筑小区的划分。

1.1　带状的公路建筑空间环境背景

1.1.1　新建公路带状公路空间环境背景

对拟新建的公路而言，公路线位两侧的空间环境背景由该区域自然环境和社会环境背景所决定，这些环境背景包括农田、林带、民居、厂矿、鱼塘等，也有公路穿越或平行城乡、管道、铁路、公路、河流及其他设施时的桥梁、街道、管道、铁路、公路、河流等。

带状公路空间的环境背景是公路建筑设计的主要参照，以南方某高速公路为例，公路两侧 400m 范围内的空间环境状况可以用图 1-1 表示。

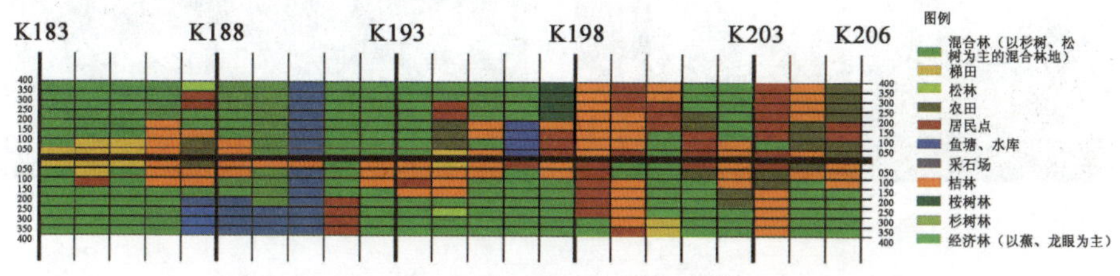

图 1-1　某高速公路两侧空间环境状况

对这些带状公路空间的环境背景，公路建筑学研究的重点在两个方面，其一是公路与这些环境背景相互影响时的合理应用、开发与保护，其二是公路与这些环境背景几乎无影响时的应用与保护。

1.1.2 已建公路带状公路空间环境背景

对高速公路而言，已建高速公路两侧空间环境背景变化一般较小，但经济发达地区除外。而对低等级公路而言，随着公路的建设，相应的区域经济布局往往与公路的带状空间环境密不可分，尤其是山区公路建设基本沿河谷布线，公路建设与地方经济建设相互交融（图 1-2、图 1-3）。

图 1-2 某高速公路两侧空间环境状况（高速公路建设后基本未发生大的变化）

a)

b)

图 1-3 某公路两侧空间环境状况（公路建设后发生了大的变化）

a)立面；b)平面

1.2　带状公路建筑空间的心理序列

空间序列体现出空间之间的一种关系。公路是由特定的几何线条和空间节点共同组成的空间序列，注重建筑群或景观随时间和地点、时间和空间这些维度变化而变化。这种空间序列与心理及视觉空间序列存在相同的一面，也存在许多差异。不同道路空间序列的形式之间，其心理及视觉特征存在明显的差异。

(1)两段式。公路从起点至终点，中间没有立交、平交等节点，驾乘人员在终点达到旅行的心理高潮。这类公路比较少见，多为较短的低等级公路、农村公路或林间公路、厂矿公路。空间形式基本不变，空间没有断面宽度变化，平面有曲线或纵面有起伏，有时存在填挖形成的封闭、半封闭空间或两侧绿化形成的半封闭或半开敞空间。

(2)三段式。在公路起点与终点之间存在立交、平交等节点，空间断面宽度基本不变化，仅在节点段存在变化，之后又保持原状，平面有曲线或纵面有起伏。这类公路多为低等级公路。

(3)多段式。在公路起点与终点之间存在多个立交、平交、服务区、收费站等节点，也存在大量的交通工程设施(如标志)。这些节点一方面起到引导心理的作用；另一方面，每个节点都会产生相应的心理兴奋，尤其是有些与旅游景观相关的节点，以及可以让人有所知、有所感的节点或标志性建筑(如服务区建筑、跨线桥、雕塑)。从理解上，也可以将节点与节点之间分为若干个两段式的公路序列。空间上，几何断面宽度可能存在反复变化(如高速公路的分与合)，也可能断面宽度基本不变(如等级低的公路，仅存在平交节点)，平面有曲线或纵面有起伏，空间封闭、半封闭、半开敞、开敞可能交替而行。整个公路存在韵律的变化和节奏的调整，相应地，人的心理也可能随之而变。

根据高速公路的特点，一般将高速公路项目设计为多段式空间序列。以某高速公路为例，如图 1-4 所示，在高速公路不同的位置、节点，有机结合空间及心理要素，形成“入口空间(起点或入口起景)—廊道空间(心理过渡与变化)—节点空间(服务区、小型互通、支线上跨桥，心理过渡与变化)—廊道空间—心理高潮的空间(如大型互通或风景名胜区、水库段等)—廊道空间—出口空间(终点或出口)”的完整的廊道空间景观序列，相应地使人的心理状态也富有节奏与变化。

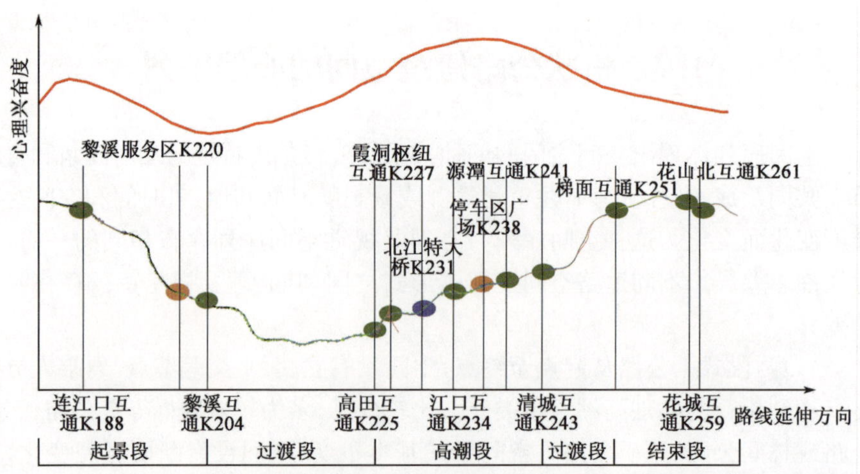

图 1-4 高速公路空间序列(以某段为例)

1.3 带状公路建筑空间的地貌特征

根据对公路现状的分析,带状公路建筑空间一般与两侧不同的地貌相协调,根据地貌的不同及视觉特征可以进行带状公路建筑空间的地貌分类,如南方某低山丘陵区高速公路,在空间形式上可将公路空间分为 3 个大类:丘陵山地风貌,丘陵河谷并行段和城市近郊农田段。

(1)丘陵山地风貌段。丘陵山地两侧以阔叶混合林夹杂松林、杉林为主景,混合林作为近景、中景和远景时的不同景观风貌,结合沿线大量分布的果树林和其他地貌、景观元素,以及公路本身的填挖路堤、路堑空间或其他防护形式,共同构建形成了沿线独特的丘陵山地公路空间特征(图 1-5)。

图 1-5 高速公路丘陵山地风貌段空间形式

(2)丘陵河谷并行段。公路沿河谷布线,两侧河谷地貌以及沿线大面积分布的松杉林,地形的起伏与开合以及沿线其他空间、景观元素,公路本身的填挖路堤、路堑空间或其他防护形式,公路跨越河流等形式,共同构建形成了沿线独特的丘陵河谷区段公路空间特征(图 1-6)。

图 1-6　高速公路丘陵河谷并行段空间形式

(3)城市近郊农田段。地貌特征主要为城镇与农田,平原上的村落与农田和公路填方路堤共同构建了南国田园风情的空间画卷(图 1-7)。

图 1-7　高速公路城市近郊农田段空间形式

当然,不同地区、不同地形地貌的区段,其公路建筑空间特征除上述 3 种形式外还有其他形式,如高山峡谷、荒漠戈壁、森林等特征。

1.4　带状的公路建筑小区及其划分

1.4.1　公路建筑小区的划分

由于公路起终点之间距离一般较长,且沿线可能具有不同的地形、地貌等环境特征，公路空间建筑和设施应具有统一的建筑风格，同时在不同区域还应具有各自的特色，展示一定的差异性。所以，公路设计中应将公路建筑群划分为若干个建筑小区，这些建筑小区不仅各自具有独特的建筑风格，而且部分与整体之间相互呼应、相互协调。

本节参照俄罗斯联邦《公路建筑与景观设计规范》(BCH 18—74)(资料来源：俄罗斯苏维埃联邦社会主义共和国公路建设管理部，交通部公路规划设计院中译本，1987)，介绍公路建筑小区长度的确定，规定建筑小区的长度要与 3～5min 内行车速度所经过的距离相一致。根据俄罗斯联邦《公路建筑与景观设计规范》(BCH 18—74)当时的公路设计速度以及我国《公路工程技术标准》(JTG B01—2003)的公路设计速度，相应的建筑小区长度推荐值见表 1-1。

公路建筑小区的长度推荐值 表 1-1

国家	公路等级	设计速度(km/h)	建筑小区长度(km)
俄罗斯(BCH 18—74)	Ⅰ		10～16
	Ⅱ、Ⅲ		8～10
	Ⅳ、Ⅴ		6～8
中国	高速公路	120	6～10
		100	5～8
		80	4～7
	一级公路	100	5～8
		80	4～7
		60	3～5
	二级公路	80	4～7
		60	3～5
		40	2～3
	三级公路	30	1.5～2.5
		20	<2
	四级公路	20	<2

根据公路建筑小区的划分，可以进行建筑风格与定位研究，确定区域房屋、跨线桥、隧道等建筑风格，或者对公路建筑群的建筑风格进行统一规划与定位，构建全线总体空间设计构思及设计目标，进行公路建筑设计(包括带状的路基路面设计)。

1.4.2　不同等级公路的建筑小区划分

将公路建筑群划分为若干个建筑小区时，应充分考虑地形、地貌等环境特征，公路建筑和设施的功能与建筑的风格，不同建筑小区之间既要展示一定的差异性，各自具有各自的特色，同时整个公路建筑群应具有统一的建筑风格，部分与整体之间相互呼应、相互协调。

一般地，公路建筑小区的边界可以选择路线明显的变化之处（如平面、纵断面的明显转折点），大型桥梁、立体交叉、隧道，典型城市、村镇或各类风景区的交界之处，也有按地形、地质、地貌类型等进行划分的。划分的建筑小区一般应有典型的建筑、设施或主导建筑，或者具有建筑设计的主轴线。这种主导建筑或设施应当显露于本区之内自然存在、已建成或是人为将要建设的建筑，应对本区内各建筑（包括路线、桥梁等）各组成部分及外部环境的协调起主导设计风格作用，并充分体现与外部的协调及内部之间的和谐。在每个建筑小区内一般只能有一种主导建筑（或者一个中心设计意图），一定情况下主导建筑可以作为该小区的识别标志。

第2章　公路线形与视觉的韵律

公路空间线形是直线、曲线(缓和曲线)、曲线半径、长度以及纵坡、横坡等要素互相组合的结果。公路可视为与公路路域及路外视觉敏感范围内区域相协调的带有一定艺术欣赏范畴的综合体,带状的线形设计应综合考虑安全、视觉、艺术效果。在满足安全需求的技术与经济指标要求下,从美学观点出发,考虑公路与人的视觉协调,并适当地考虑环境因素,这样既有利于行车安全,又具有优美景象;既要达到视觉上的平顺、一目了然,与地形、地貌相协调,又要给人以连贯、和谐、统一的感觉,线形与视觉、心理等总体要协调。

带状的公路线形组合是公路建筑学研究的重点之一。公路线形指标的协调性、均衡性,公路线形的韵律性等,是公路建筑学追求公路工程和环境艺术、心理与安全统一的集中表现。

对公路空间几何设计的协调性问题,《公路工程技术标准》和《公路路线设计规范》作出了相应要求,相关专著也有详细论述,在《公路工程基本建设项目设计文件编制办法》中也将公路线形指标的协调性、均衡性等作为公路总体设计的重点之一,这里不作重点讨论。

本章主要通过一些工程实例论证公路线形的韵律性,侧重用一些实例强调路线各要素之间应相互协调,避免给驾驶人造成错觉和操作失误,从视觉、心理等角度考虑,避免一些公路线形的不利组合。

2.1　长直线空旷美与曲线美的对照

在平原、草原、戈壁、沙漠、高原等区域公路之中,长直线经常见到,体现了一种空旷美。同时,长直线以最短的距离连接两控制点,距离短意味着汽车油耗相对小,相应地,汽车行驶受力简单、方向明确、驾驶操作简易、视距良好、路基路面排水方便。

然而,长直线线形景观单调,易引起驾驶疲劳并增加夜间行车车灯眩目的危险,还会导致出现超高速行驶状态。图2-1反映了戈壁滩公路采用长直线线形的情况,周围环境单调,如果公路经过宽浅河谷时,纵坡相对较大,长直线会产生视觉截断的错觉。

图 2-2 反映了戈壁滩公路采用小半径曲线连接长直线的情况，周围环境单调，公路安全性欠佳。

图 2-1　空旷长直线的视觉截断

图 2-2　长直线的小半径曲线

低山丘陵区，当路线通过许多连续的丘陵时，如果采用长直线，往往容易出现长直线上多于 2～3 个凸起或凹下，形成线形的驼峰、暗凹、跳跃，这样一方面给线形美造成缺陷，另一方面也会影响驾驶员视觉和行车安全，容易使驾驶员视线中断(图 2-3)。图 2-4 的实例即为路线采用直线通过几个连续的丘陵时，其平面直线上表现出 2～3 个以上的凸起，形成丘陵路段波浪式景观，美感不佳。

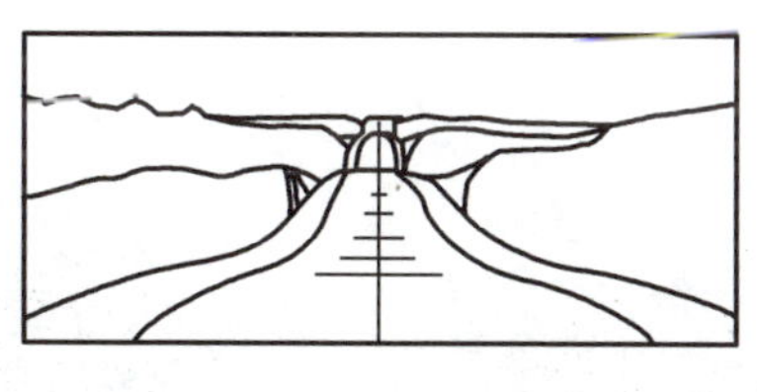

图 2-3　直线通过数个丘陵波浪式路段

图 2-4　丘陵波浪式路段

这时，采用平曲线就能较好地避免驾驶员视线中断的现象。图 2-5 为低山丘陵区采用平曲线避免驾驶员视线中断的实例，采用有规律的变向设计，在纵断面的凸起处设置平曲线，竖曲线的位置与地形上明显凹凸处相重合，从视觉上进行设计。

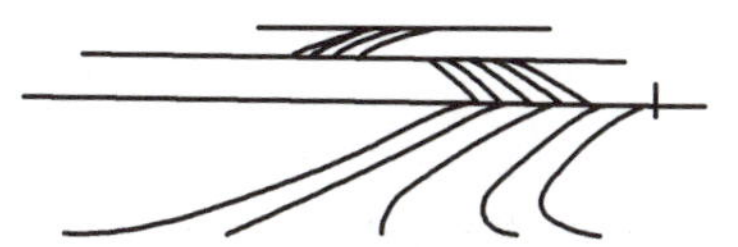

图 2-5　有规律的变向设计

设计应避免在长直线上设置陡坡或曲线长度短、半径小的凹形竖曲线。前者易超速行驶，危及行车安全；后者使驾驶员产生坡底道路变窄的错觉，导致高速行驶中的制动操作，影响行车安全。平原区或微丘区内长直线插入的短凹曲线应尽量避免。长直线内设置两个凹曲线时，两曲线之间的直坡段不能太短，避免产生“虚设凸曲线”的感觉；长直线的末端应尽量避免插入凹曲线中。

长期以来，多数设计师认为长直线存在一些不足之处，且取得共识，一致认为：设计时，一方面应尽量限制或慎重选用长直线，直线长度不宜超过 $20v$（20 倍速度的长度）；另一方面，不得已采用长直线时，通过进行路旁装饰性的绿化、设置必要的交通安全设施，来改善驾驶员的注意力，消除长直线的单调景观，避免驾驶疲劳。对地广人稀的大戈壁、大草原地区可采用宽中央分隔带来改善路容，设置低路堤缓边坡等补偿措施来增加直线上高速行车的安全性。

与长直线相对照，现代公路设计多采用曲线，即便在平原区也是如此。图 2-6 即为平原区高速公路采用曲线韵律的典型，展示了高速公路流畅交通和线形优美的组合空间；图 2-7 为低山丘陵区高速公路采用曲线的韵律美。曲线具有几何形态柔和、能够灵活地顺应各种地形的变化，线形美观的优点，而且可以兼顾车辆离心力和轮胎与路面的摩阻力等问题，使车辆顺适地行驶。

图 2-6　平原区高速公路的曲线韵律美

图 2-7　低山丘陵区高速公路的曲线韵律美

2.2　曲线美的韵律与对照

同样设置曲线，不同的设置情况其韵律美不同。当然也有一些韵律美欠佳的，关于公路线形的空间组合详见相关著作。下面采用几个实例来说明可以进一步优化线形的空间组合。

图 2-8 为南方某旅游公路的曲线线形，从图中看，反向曲线之间设置了短的直线，尽管其直线长度满足一定行驶时间要求，但过短的直线仍使得公路线形看起来很不舒顺，从汽车行驶动力学要求而言，反向曲线间并不需要刻意地设置直线段，如果该路段取消直线段，采用回旋线将两反向曲线连接组合为 S 形曲线，其视觉效果会更佳，填挖土石方量也会较少。

平曲线与竖曲线组合时，平、竖曲线宜相互对应（力求使平面转角的顶点与竖曲线的顶点重合），且平曲线稍长于竖曲线，形成“平包竖”；此外，长的竖曲线内不宜设置半径小的平曲线；长的平曲线内插入的短凹曲线也应尽量避免。图 2-9 为山区某公路的曲线线形，从图中看，凹曲线底部设置有平曲线，但平曲线半径过小且平曲线长度也不长，形成视觉突兀，如果增大平曲线半径或长度，可取得更好的视觉效果和韵律美。

图 2-8　旅游公路的曲线韵律也有不足之处

图 2-9　凹曲线底部的平曲线半径过小形成视觉突兀

图 2-10 为 S 形曲线，两个平曲线半径均很小，且中间采用很短的直线相连，对行车安全不利。

图 2-10　S 形曲线的两个平曲线半径均很小

当凸形竖曲线的顶部与反向平曲线的拐点重合时，一般不能正确引导视线，会使驾驶员操作产生失误；当凹形竖曲线的底部与反向平曲线的拐点重合时，一般会存在路面排水不畅、积水，影响行车安全。一般地，凸形竖曲线的顶部或凹形竖曲线的底部不宜与反向平曲线的拐点重合，重合后不仅视觉会扭曲，而且对安全不利，设计中应尽量避免。图 2-11 为 S 形曲线，两个平曲线连接处插入一个凹形竖曲线，凹形竖曲线的底部与反向平曲线的拐点几乎重合，对行车不利，视觉也很扭曲。

一般，半径小的圆曲线起讫点，不宜接近或设在凸形竖曲线的顶部或凹形竖曲线的底部。凹曲线的长度不宜过短，避免产生折感。图 2-12 出现典型的折感。图中 S 形曲线的两个平曲线半径均较小，中间采用直线和凹曲线连接，纵坡较大，视线不良，视觉严重扭曲，对安全也不利。而且平曲线半径小、长度小，竖曲线半径也小，纵坡又大，对高速行驶的舒适度也有不利影响。

图 2-11　S 形曲线的两个平曲线连接处凹曲线

图 2-12　S 形曲线的两个平曲线半径小，中间直线纵坡大

图 2-12 还反映了竖曲线的顶、底部插入小半径的平曲线的不良效果，设计时应尽量避免。在凹形竖曲线的底部有小半径的平曲线，便会出现汽车加速而急转弯，可能发生危险。如果在凸形竖曲线的顶部设有小半径的平曲线，不仅不能引导视线而且可能导致车辆急转弯而发生危险。

一般线形设计应避免将小半径的平曲线起讫点设在或接近竖曲线的顶部或底部。若将凸形竖曲线的顶部设在小半径平曲线的起点，如图 2-13 所示，会产生不连续的线形，失去了视线引导作用。而将凹形竖曲线的底部设在小半径平曲线的起点，除了视觉上扭曲外，还会产生下坡尽头接急弯的不安全组合。

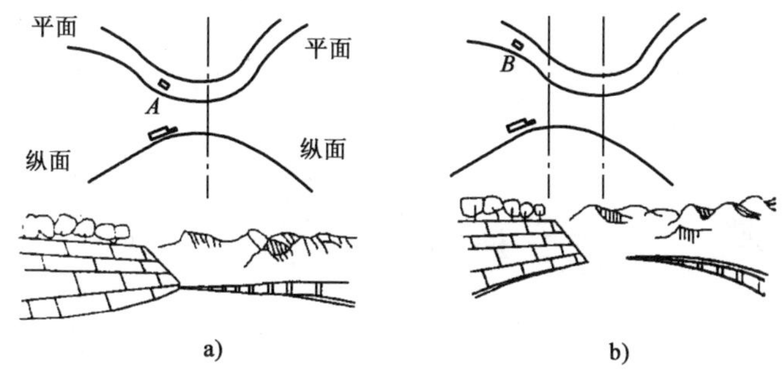

图 2-13　平、竖曲线的重合与错位

a)平竖曲线重合；b)平竖曲线错位

2.3　特殊路段的曲线美与安全

高速公路、一级公路上的桥梁线形应与路线线形相协调，且连续、流畅。桥梁段应尽量以直线设在两个同向曲线之间，同时两平曲线的长度应与凹形竖曲线长度一致[如图 2-14a)]。一般情况下，不允许按图 2-14b)布置立交桥和跨河桥的引道，视觉上看不到桥后的道路；如果从右侧车道上可以看到桥后的道路，也可以按图 2-14b)布置。另外，跨线桥或短的跨河桥引道平曲线半径不应小于 300m，因为桥隆起，远处看不见弯道[图 2-14d)]。线形设计时，应注意避免小半径凸形竖曲线设在立交处、平原区的小桥上。

图 2-14　跨线桥和跨河小桥的布置

道路改建时，如图 2-15，老路裁弯取直后不得产生错误的诱导。当直线的延长线上布设有城镇或乡村街道时，可将线位在城镇或乡村街道之前采用绕行的方案，减少主要交通量与城镇或乡村街道的相互影响。在傍山路线中沿河谷绕行的山谷路线，老路裁弯曲直后一般可以在直行的路段布设与裁弯取直之前相似的路侧绿化，通过植物进行视觉的诱导，这样引人注目，不宜造成错觉；也可采用标志标线达到此目的。对未进行老路裁弯取直的，要特别注意，如果路侧电线杆等按直行布设，容易形成道路也是直行的错觉，这时要增加标志标线。

接近大片森林的路线应以曲线形式进入，平面转角的顶点选在林边(图

2-16)，林中的长直线也要用多个小的转角有规律地断开。在道路进入密林之前的近处，应种植稀于密林的散树，从开阔地带和缓地进入森林，并可减轻汽车侧向风载的急剧变化(图 2-17)。

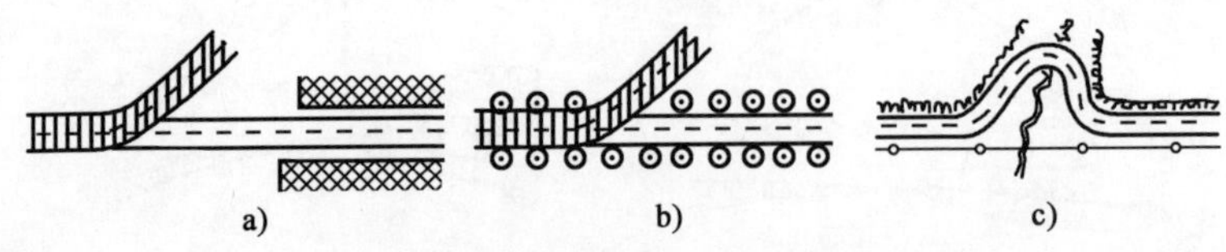

图 2-15 容易产生错觉诱导的情况

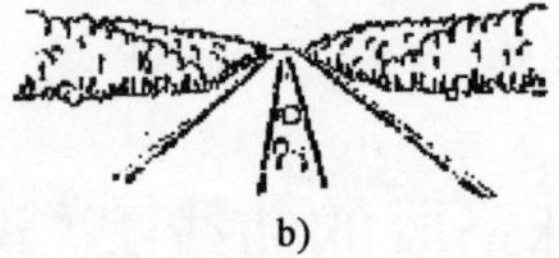

图 2-16 穿过森林的路线

a)正确的路线；b)不正确的路线

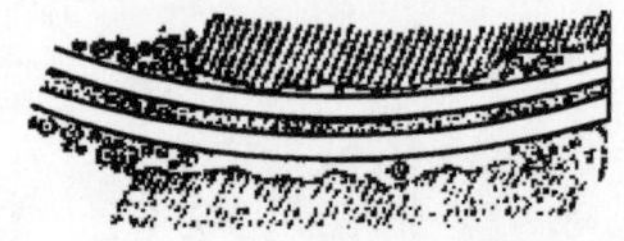

图 2-17 穿过森林的处理

此外，河谷路线应顺河布设，弯道的曲率和长度要与河谷的岸边相适应，形成内外协调的视觉空间。隧道洞口连接线应与隧道洞口内线形相协调，隧道洞口外侧不小于 3s 设计速度行程长度与洞口内侧不小于 3s 设计速度行程长度范围内的平面线形不应有急剧的方向改变，以形成连续的驾驶行为。还有，收费站不应设置在凹形竖曲线的底部，且主线收费站前后应有一定的视距，不宜在隧道出口很近处设置收费站，这对视觉及行车安全均十分重要。

2.4 公路线形设计与驾驶视线

公路应保持线形在视觉上的连续性，自然诱导驾驶者的视线。但一些公路设计时，往往并没有按驾驶视觉连续进行设计，许多地方仍然存在一些视线不连续之处或影响视线连续之处，下面就是一些实例。

图 2-18 为平原区高速公路，被交公路设置跨线桥，跨线桥处为减少工程量，将主线和被交公路高程均压低，出现了被交公路跨线桥下设置竖曲线的视觉空间欠佳的现象。

图 2-19 为平原区高速公路，在高速公路主线平曲线和凸曲线顶部重合处，被交公路设置跨线桥，容易形成被交公路跨线桥下视觉空间压抑的感觉，且视距明显不足。

图 2-20 为平原区高速公路，高速公路主线凸曲线长度偏小、半径也较小，

行车中容易感觉突兀;在该处设置的门架式交通信息显示屏,二者组合,更容易形成视觉空间不畅的感觉。

图 2-18　跨线桥下设置竖曲线视觉空间欠佳

图 2-19　平曲线和凸曲线处设置跨线桥,空间压抑

图 2-21 为丘陵区高速公路,凹曲线与平曲线重合的地方出现视觉不连续的拐点,视线折曲,景观不美。

图 2-20　小半径凸曲线

图 2-21　小半径凸曲线

图 2-22 为平原区高速公路,两侧原来有高大乔木密植,视距不足,此外在平曲线处连续设置有交通标志,且标志色度差异大,驾驶员的注意力很容易被吸引,但此时这种注意力被吸引会影响视线或驾驶行为(此时在曲线的起点或者在缓和曲线段,驾驶须转动方向盘),不利于安全。

图 2-23 为凹曲线段沉降引起视觉突变,出现视觉的折曲之感,对驾驶与审美均不利,也不利于排水。

图 2-24 为平曲线与凸曲线重合段合成坡度或横坡不合理,形成路面处视觉扭曲,且对行车安全不利。合成坡度是为避免陡坡与急弯的组合对行车产生不利影响,路线纵坡 i 与弯道超高横坡或路拱横坡 i_h 组合而成的坡度。合成坡度或横坡一般是逐步过渡的,图中所示的突兀为不正常现象,不仅视觉效

果不佳，而且不利于排水。

图 2-22　平曲线处高大乔木及标志的组合

图 2-23　凹曲线段沉降引起视觉突变

图 2-24　平曲线与凸曲线重合段合成坡度不合理

第3章 带状的路基路面建筑

回顾公路建设史，公路由最初的简易马路发展到等级公路和高速公路。在简易马路时代，公路一直被视为“构造物”。1934年，陈树棠先生著作《道路建筑学》，主要阐述道路建筑的方法、材料及工艺，按当代对道路建筑学的理解实际上该书应为“道路工程学”，但该书已经将研究道路的基本方法上升到道路建筑学的高度。简易马路发展到当今的等级公路和高速公路，不少学者已从不同角度发表了许多关于道路工程学和道路路基、路面建筑的论文或出版了诸多专著，内容涉及勘察设计基本方法、材料与结构设计、施工技术、质量控制与检测验收评定等等，形成了系统的道路工程学体系。

随着工程技术的进步和人类对工程的功能不断提升的需求，路基路面工程已经可以满足工程与艺术和人体舒适等的共同需求。关于路基路面建筑，笔者理解应建立在系统的公路建筑学理论体系基础是，在满足基本功能的前提上，从公路建筑的建筑空间与心理、光学与色彩、建筑环境等方面入手，追求结构与艺术、心理、环境的兼顾。

本章介绍带状的路基建筑与路面建筑，侧重从路基空间的变化和开敞化处理、路基温度与湿度、公路防眩、路面的多彩化、变形与舒适性等方面介绍公路建筑设计应该兼顾考虑的方面。

3.1 带状的路基建筑

公路路基是路面的基础，是公路的承重主体，按照路线位置和一定技术要求修筑，它承受着本身岩土自重和路面重力，以及由路面传递而来的行车荷载。随着路基工程机械化作业的推进，以及路基设施的美学设计，路基工程已经逐步呈现为路基建筑的形态，“路基结构”也已经被人们所认知。一般地，路基结构的主要组成部分和参数(包括路基高度、宽度、压实度、边坡坡度、路基排水、路基防护工程及路基附属设施等等)可参照《路基工程》相关章节或《公路路基设计手册》及相应的设计规范。

本节主要介绍路基建筑空间、路基朝向与防眩等。

3.1.1 路基建筑空间

(1)路基结构类型

路基是根据线形设计而建筑的，由于自然地面起伏不匀，路基高程与原地面高程不一，且各段路基和地基岩土性质不同，相应的路基附属设施的布置不一，使得不同路段路基横断面形状相差很大。路基横断面结构及各部分名称如图 3-1 所示。

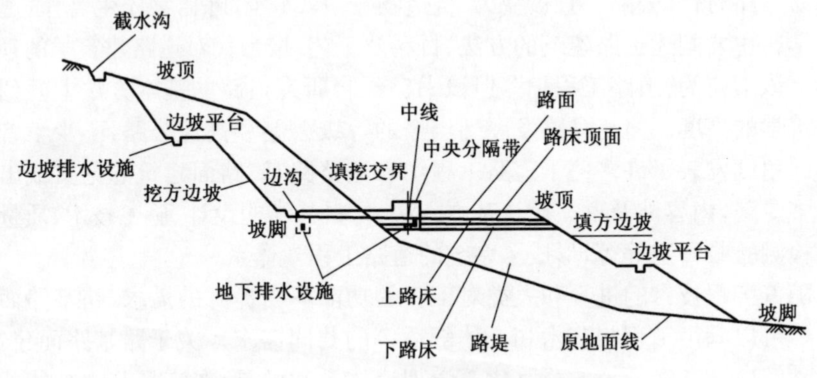

图 3-1 路基横断面图

路基横断面形式可以归纳为路堤、路堑和填挖结合三种类型。路堤是高于原地面的填方路基，可分为上路堤和下路堤，上路堤是指路面底面以下 0.80～1.50m 范围内的填方部分；下路堤是指上路堤以下的填方部分。路堑是低于原地面的挖方路基。路基一侧开挖而另一侧填筑称为填挖结合路基，也称半填半挖路基。一般路基常用的几种形式如图 3-2 所示。

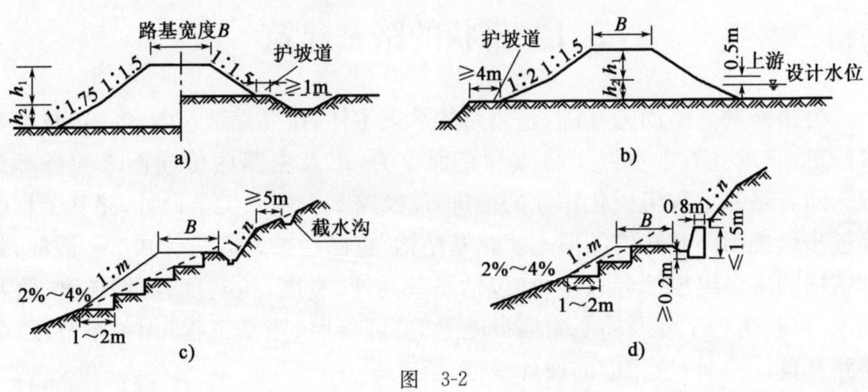

图 3-2

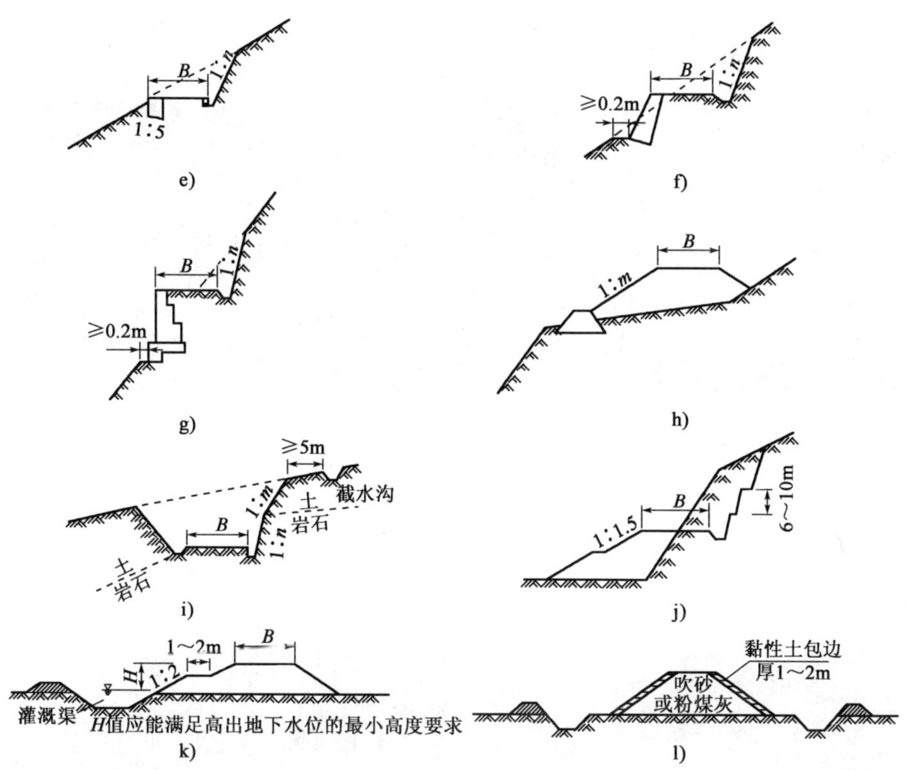

图 3-2　路基常用的典型断面图式

a)一般路基;b)沿河路堤(桥头引道、河滩路堤);c)半填半挖路基;d)矮墙路基;e)护肩路基;f)砌石路基;g)挡墙路基;h)护脚路堤;i)挖方路基;j)边坡台阶形路基;k)利用挖渠的土填筑路堤;l)吹砂或粉煤灰路基

陡坡上的半填半挖路基,可根据地形、地质条件,采用护肩、砌石或挡土墙形式;当山坡高陡或稳定性差,不宜多挖时,可采用桥梁、悬出路台等构造形式;三、四级公路的悬崖陡壁地段,当山体岩石整体性好时,可采用半山洞形式。图 3-3 为半山桥、半山洞示意图。

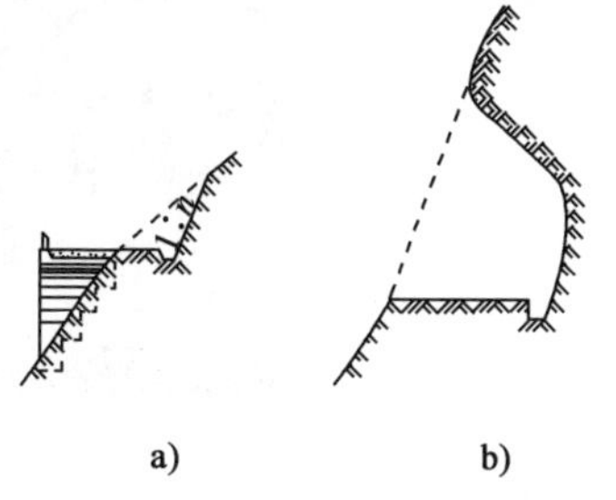

图 3-3　半山桥、半山洞示意图

a)半山桥;b)半山洞

(2)公路带状路基空间及变化

公路横向空间随着需求的不同,其宽度可以发生变化,下面以某高速公路为例,阐述高速公路空间断面的变化过程。图 3-4 为某高速公

路立交断面渐变段空间[其中图 3-4b)为局部放大图],呈现了立交汇流处的横断面空间渐变过程,从图中可以看出汇流后横断面变为双向 4 车道。

a)

b)

图 3-4 某高速公路立交断面渐变段(路基总宽变化)

a)立交汇流处的横断面宽度变化;b)局部放大图

图 3-5 为某高速公路由于中央分隔带宽度变化,一侧逐渐变窄,另外一侧逐渐变宽,变宽渐变处将原来单向 3 车道的超车道与原行车道逐渐合流,通过标线进行提醒。

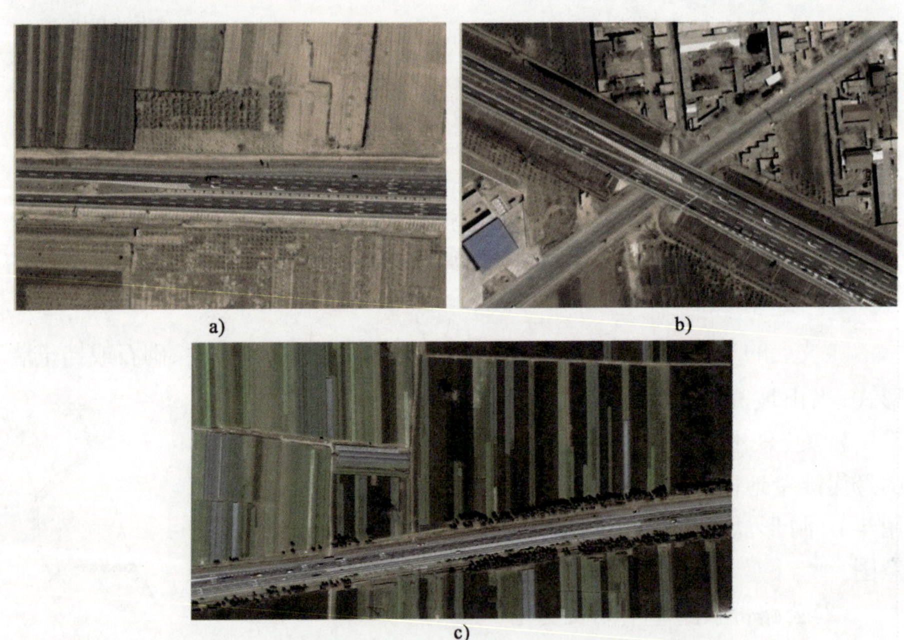

a) b) c)

图 3-5 某高速公路中央分隔带宽度变化渐变段(路基总宽未变)

a)自左向右中央分隔带宽度变窄,两侧为农田;b)自左上向右下中央分隔带宽度变窄,在跨地方路处变化;c)自左下向右上中央分隔带宽度变宽,两侧林带之外为农田

图 3-6 为某高速公路由于路基总的宽度变化，而中央分隔带宽度未变化，一侧逐渐变窄，另外一侧逐渐变宽。渐变宽处通过加宽并将原来的路肩变为新的行车道，单向车道数由 2 车道变为 3 车道，超车道与原行车道不变；渐变窄处通过将原来的单向 3 车道外侧的行车道，与中间的行车道中间合并，用标线进行提醒。

a)

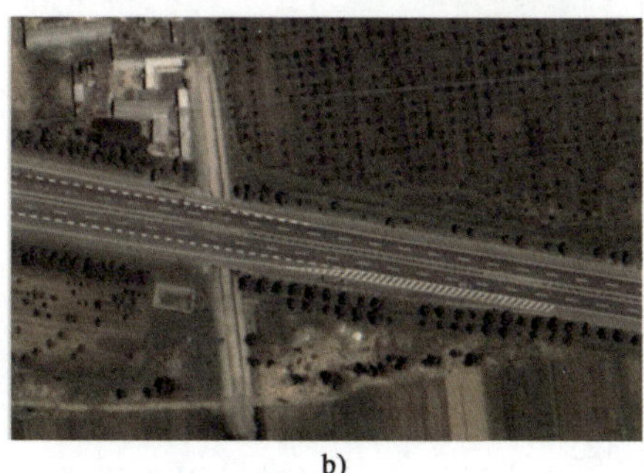

b)

图 3-6　某高速公路路基宽度变化渐变段（路基总宽变化）

a）自左向右，下侧一幅的路基由 2 车道变为 3 车道；b）自左向右，两幅路基均由 3 车道变为 2 车道

（3）路基空间及其外空间的闭合与开敞

以某高速公路为例，其两侧 400m 范围内的环境背景，根据公路两侧闭合与开敞程度，分为封闭空间、半封闭空间及开敞空间段。关于封闭空间、半封闭空间及开敞空间的定义，一般以公路建设后空间的性质来确定。

公路两旁整齐的高大乔木容易形成一种典型的闭合空间，给人以明确的领域感、私密感、安全感、隔离感以及使人们从四面八方感到空间中面与面之间力的作用。开敞空间其相邻空间视觉通透性强，无压抑感（图 3-7）；闭合空间，有大片实体面积，封闭感强，厚重而内向（图 3-8）。有时高大林木规则布置虽提高了绿量但却极易形成闭塞的筒状空间，造成心理上的压抑感。对比

图 3-7　建成公路后的开敞式空间

图 3-8　建成公路后的封闭式空间

图 3-9 和图 3-10，可以看出，自然序列的开放空间比整齐有序的封闭空间更能使人心情舒畅。

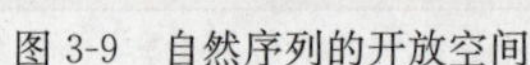
图 3-9 自然序列的开放空间

图 3-10 整齐有序的封闭空间

公路设计中可以对封闭空间进行开敞化处理（图 3-11），也可对开敞空间进行适当的闭合化处理增加相应的界面（图 3-12）。

图 3-11 封闭空间的开敞化处理

a)

b)

图 3-12 开敞空间的界面化处理

a）开敞空间纵向采用植物增强界面感；b）开敞空间横向适当采用植物构建半封闭空间

公路设计中采用不同空间封闭与开敞程度，构建不同效果的空间特征，如图 3-13 所示，左侧路基在相同的植物覆盖度情况下，采用不同的植物配置可以构建开敞的空间（图中红线），也可以构建相对封闭的空间（图中绿线）。

图 3-13　不同空间的处理及效果

当然不同的空间，道路使用者在其中的心理特征不同，图 3-14 反映了分别处于开敞明亮、封闭灰暗和空旷开阔等空间特征下的心理变化。从图中可以看出，封闭灰暗的空间公路行为人的兴奋度比较低。

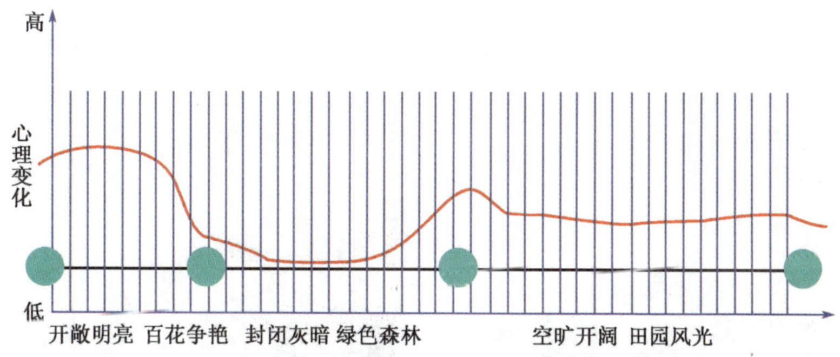

图 3-14　对应不同空间特征的道路使用者心理分析图

在公路建设前，应调查清楚拟建公路线位两侧的环境空间变化，可以采用森林资源学中郁闭度来确定其空间特征。郁闭度指森林中乔木树冠遮蔽地面的程度，为单位面积上林冠覆盖林地面积与林地总面积之比，即树冠投影面积与林地面积的比值，常用十分法表示，从 0.1～1.0。一般地，0.70（含 0.70）以上的郁闭林为密林，0.20～0.69 为中度郁闭，0.20（不含 0.20）以下为疏林。为简单起见，也有学者对拟建公路两侧的郁闭程度结合现有林带和其他设施做如下简易判断（以南方某高速公路为例，图 3-15）：

①郁闭空间段：道路两侧 200m 范围内为原始森林、混合林或自然生长的单一林木（如松林、杉林、桉林等），密封或遮挡 200m 到 400m 范围内的空间。

②半郁闭空间段：道路两侧 200m 范围内为鱼塘、农田、村舍、经济林、果

园等,200m 到 400m 范围内为原始森林、混合林或自然生长的单一林木(如松林、杉林、桉林等),驾乘人员欣赏沿线自然景观的可视范围为 200m。

③开敞空间段:道路两侧 400m 范围内为鱼塘、农田、村舍、经济林、果园等田园景观。

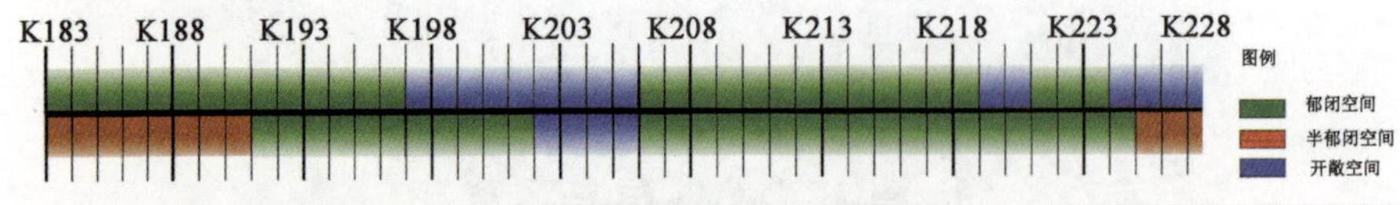

图 3-15　高速公路空间郁闭度

通过这样的判断,可以在设计中确定公路未建之前的公路空间环境特征。

(4)路基边坡的空间效应

不同的路基边坡形式及坡度其空间效应不同。这里以路堑上边坡为例阐述其空间效应的差异。

路基边坡尤其是路堑上边坡,目前多采用生态防护。但同样的生态防护,如果空间形态不同,其空间效果就不同。如图 3-16 所示,图中采用植草防护,如果在单纯植草边坡防护基础上适当增加乔木(图 3-17),将会得到另外的一种空间效应。与图 3-18 增加一些灌木和矮小的乔木适当点缀相比较,两者的空间与心理效果迥然不同。

图 3-16　植草边坡的空间效应(与外部自然不协调)

图 3-17　植草边坡点缀乔木的空间效应

一般认为,图 3-18 的空间效果优于图 3-17,更优于图 3-16。对高速公路生态防护,工程与艺术的空间最佳组合为:在路基边坡稳定的基础之上,遵循粗放式、融于自然、便于养护管理的设计模式,少留人工痕迹。

(5)公路建筑空间组合

随着经济的快速发展,高速公路交通量越来越大,我国早期修建的高速公路主骨架段已经相继改扩建,相应的车道数由早期的双向 4 车道扩建为双向 6

车道或双向 8 车道，路基宽度也相应增加。图 3-19 为美国某高速公路双向 14 车道的布设，双向各自 7 车道；中央各自 3 车道，设置较宽的左侧硬路肩，硬路肩宽度约 1 个车道宽；中央 3 车道与边缘 4 车道之间采用硬性隔离(可以开口)，中央 3 车道右侧硬路肩和边缘 4 车道左侧硬路肩均较宽；边缘最外侧设置较宽的硬路肩。路基顶面横向宽度为 87.5～95m 左右。

图 3-18　边坡自然种植的空间效应

a)

b)

图 3-19　美国某高速公路双向 14 车道的布设

a)14 个车道的布设平面；b)行驶在中央范围的车道看到的断面

相应地，随着交通需求的变化，路基宽度和组合也相应变化，图 3-20 为美国某高速公路，通过定向匝道的布设，实现交通的汇流与分流，采用三个定向匝道实现了两个高速公路之间的直接交汇。

a)

b)

图 3-20　美国某高速公路定向匝道的布设

a)定向匝道的布设平面；b)行驶在中央范围的车道看到远处定向匝道的起伏

同样，立交特别是改扩建的立交，一般通过后增定向匝道和单喇叭匝道实现连接，线形与需求、地形相适应，中间区域根据具体情况布设（如图 3-21 中分隔带为草坪），这样就形成了复杂的公路建筑空间。

图 3-21　美国某高速公路立交扩建的定向匝道

3.1.2　路基朝向对路基温度、湿度的影响

路基朝向对路基温度、湿度的影响主要体现在北方地区（如季节性冻土地区道路易发生冻胀与翻浆）和一些特殊地区（如多年冻土地区道路易发生融沉），温度场的变化往往伴随着湿度的变化，即发生水分迁移，在季节性冻土地区和多年冻土地区温度、湿度发生变化均会对路基结构发生影响。

本节以青藏高原地区为例，从能量交换角度分析路基朝向对路基温度、湿度的影响。

地球表面由于太阳总辐射、地表反射和蒸发耗热及湍流交换等形成地表面的辐射平衡。能量交换使地面（包括路基边坡）的辐射状况发生显著改变，同时改变地面（包括路基边坡）的温度水文状况。

当不考虑地层内部的热源和地层内部热量的传导和流动时，大气地面系统的热量平衡如图 3-22 所示。

图 3-22　热量平衡示意图

$$R = LE + P + B \tag{3-1}$$

式中：R——辐射平衡量（$kcal/cm^2$），为地表吸收的短波能量 $Q(1-\alpha)$ 与其长波有效辐射量 I 之差，即 $R=Q(1-\alpha)-I$；

其中，α——地面反射率；

Q——太阳直接辐射和来自天空的散射辐射之和；

LE——消耗于总过程（已包括土壤水分蒸发和植物蒸腾）的能量（$kcal/cm^2$）；

P——地表与大气间的湍流热交换所消耗的热量（$kcal/cm^2$）；

B——地表的土壤热通量（$kcal/cm^2$）。

（1）路基朝向与太阳辐射

确定太阳总辐射 $Q=Q'+q$ 的方法很多，大多依据太阳总辐射与能量之间的关系确定的，常见的有：A. 昂格斯托蕃姆公式 $Q=Q_0(a+bs)$、H. 金波尔公式 $Q=Q_0[1-(1-k)n]$、B. A. 库德里雅采夫公式 $Q=Q_0(1-an-bn^2)$ 和库兹明公式 $Q=Q_0[1-C_1(n_0-n_H)-C_2n_H]$。其中：$Q_0$ 为碧空条件下到达地面的可能总辐射，与时间和位置有关，青藏高原的 Q_0 见表 3-1、表 3-2。S 为日照率，a，b，C_1，C_2 为常数，n 为以小数计的总云量，k 为阴天总辐射与晴天可能总辐射的比值，与太阳的平均高度、云的性质和短波辐射的反射条件等因素有关，随时间和空间位置而变化，n_0、n_H 分别为总云量和低云量。我国青藏高原空气稀薄，云量少，海拔高，该地区的碧空总辐射 Q_0 比同纬度的其他地区高出 11.4～20.24$kcal/cm^2$，使该地区成为年辐射最高的地区。

青藏高原 Q_0 碧空辐射月平均值随纬度的变化［$kcal/(月\cdot cm^2)$］　表 3-1

纬度 φ(°) \ 月份	1	2	3	4	5	6	7	8	9	10	11	12	年计
37.5	10.1	12.6	16.3	20.5	24.1	24.9	24.3	21.9	18.2	14.4	10.7	9.00	207.0
35.0	10.6	13.3	16.5	20.9	24.3	25.2	24.5	22.3	18.8	14.9	11.5	9.90	212.7
32.5	12.1	14.7	18.2	21.8	24.6	25.5	24.8	22.6	19.4	16.1	12.9	10.8	223.5
30.0	14.4	17.1	20.3	23.3	25.3	26.0	25.4	23.4	20.8	18.1	15.3	12.8	242.2

注：1kcal＝4 186.8J。

青藏高原碧空辐射　表 3-2

指标	回归表达式	参　数	95%置信区间
青藏高原碧空辐射*（$kcal/cm^2$）	$Q_0=A\cos(\pi t/6+B)+(C\varphi+D)$	A　−7.247	−7.527～−6.967
		B　−0.092 6	−0.131 2～−0.054
		C　−0.388	−0.459～−0.317
		D　31.541	29.143～33.939

注：* 青藏高原碧空辐射为利用表 3-1 回归的结果。

在山岭区，地形对太阳直接辐射总量 Q 有一定的影响，可用式(3-2)表示：

$$Q_b = Q_1\cos\beta \tag{3-2}$$

式中：Q_b——到达坡地上的太阳辐射通量；

Q_1——大气质量 1 时垂直于太阳光线的辐射到达量；

β——太阳在地上的入射角；

$\cos\beta = \cos\alpha\sinh + \sin\alpha\cos h\cos(\varphi - \varphi_n)$，用球面三角原理计算。

其中，α 为坡度；φ 为太阳的方位角；φ_n 为坡向方位角，从子午面算起顺时针为正，以度为单位；h 为太阳的高度，指太阳对地平面的角距，可通过下式求得：

$$\sin h = \sin\varphi\sin\delta + \cos\varphi\cos\delta\cos\omega$$

式中：φ——地理纬度，指空间分布位置，在赤道上 $\varphi=0$，北回归线 $\varphi=23°27'$；

δ——太阳的赤纬，指太阳直射地球上的位置，这是年周期变化因素，春分(3 月 21 日)和秋分(9 月 23 日)$\delta=0°$，夏季 $\delta=23°27'$，冬至$\delta=-23°27'$；

ω——太阳的时角，指当时的时刻，正午时 $\omega=0°$顺时针为正。

表 3-3 列出几个通过式(3-2)计算得出的常用纬度的年可能的直接辐射总量。

北纬 20°～50°南北坡不同坡度年可能的直接辐射总量(kcal/cm²) 表 3-3

纬度 φ (°)	坡度											
	南坡						北坡					
	5	10	20	30	40	50	5	10	20	30	40	50
20	311.4	316.9	320.5	315.1	300.6	277.3	294.0	282.1	252.5	216.4	175.6	135.5
30	290.4	303.6	316.0	319.0	313.3	298.4	269.0	253.3	217.7	177.4	137.7	103.9
40	268.8	282.1	302.5	314.2	316.7	310.3	236.5	218.7	179.1	140.1	106.8	77.9
50	236.9	253.1	280.3	299.6	310.3	311.9	200.5	180.8	142.9	110.6	82.6	59.8

(2)路基朝向与蒸发耗热 LE

蒸发耗热等于蒸发潜热 L 乘以蒸发量 E，在自然条件下蒸发潜热 L 因下垫面温度的改变而变化(T_s 为地温，℃)：

$$L = 597 - 0.6T_s \approx 600(\text{cal/g}) \tag{3-3}$$

如果已知辐射平衡量 R 和地表的土壤热通量 B，则：

$$LE = \frac{R - B}{1 + \frac{C_p}{L}\frac{T_1 - T_2}{q_1 - q_2}} \tag{3-4}$$

而 $q=0.622e/p$，P 为大气压，e 为湿度，T 为气温，C_p 为空气密压比热，$C_p=0.24\text{cal/g}\cdot\text{K}$，($1\text{cal}=4.1868\text{J}$)。

对近地气层：

$$E=-\rho k\frac{\partial q}{\partial z}=r-f \tag{3-5}$$

式中：E——蒸发量；

$\frac{\partial q}{\partial z}$——空气湿度的铅直梯度；

ρ——空气密度 $1.3\times10^{-3}\text{g/cm}^3$；

k——湍流系数；

r——降水量；

f——径流。

对天然地表，当 $r^2/E^2>0.1$ 时：

$$E=\frac{r}{\sqrt{0.9+\left(\frac{v}{E_0}\right)^2}} \tag{3-6}$$

式中：E——年蒸发量(mm)；

r——年降水量(mm)；

E_0——规定空气湿度条件下最大蒸发量(mm)：

$$E_0=300+25t+0.05t^3$$

t——年平均气温(℃)。

P.施拉别尔用 $E_1=r(1-e^{-E_0/r})$、奥里柯普用 $E_2=E_0 th\frac{r}{E_0}$ 计算 E，而 $M.И.$ 布德科则认为两者计算得到的 E_1、E_2 与实际相比太大和太小，取几何平均作为实际地表蒸发量，即：

$$E=\sqrt{E_1E_2} \tag{3-7}$$

1993年张寅生等测定青藏高原唐古拉山的蒸发得出土壤蒸发 E 与水面日蒸发量的关系。

$$E=0.726Ew-0.20(\text{mm/d}) \tag{3-8}$$

(3)路基朝向与湍流热交换 P

如果已知辐射平衡 R 和土壤中的热通量 B 则有：

$$P=\frac{R-B}{1+\frac{L}{Cp}\frac{q_1-q_2}{T_1-T_2}}=\frac{R-B}{1+\frac{2.59L}{p}\frac{e_1-e_2}{T_1-T_2}} \tag{3-9}$$

1956 年 A. P. KOHCTAHTNHOB 提出以湍流理论为基础的计算方法：

$$P = au\left(1+b\frac{T_s-T_a}{u^2}\right)(T_s-T_a)[\mathrm{cal/(cm^2 \cdot d)}] \qquad (3\text{-}10)$$

式中，u——平均风速；

T_a、T_s——月平均气温、地温，有雪时 $a=4.0$，$b=0.1$，无雪时 $a=6.0$，$b=0.9$。

在青藏高原地表热量支出基本以湍流热交换为主，如昆仑山—66 道班约占热量平衡的 69%，蒸发耗热次之，全年降水 80%左右被蒸发。由于路堤或路堑的形成，导致路基阳坡与阴坡侧的风速有时相同，有时不同，这样阳坡与阴坡侧边坡由于风环境引起的湍流热交换也不同。

当然，边坡与路面或天然地表的湍流热交换、蒸发耗热也不同，其湍流热交换不同的原因为：边坡的湍流热交换相比较天然地表来说边坡所受风和行车等空气动力条件影响较大，但又比沥青路面小，故湍流热交换置于两者之间。

(4)不同走向路基温度场对比

由于路基朝向的不同，路基两侧的温度场继而不同，即路基朝向对路基温度场分布的不对称性有着重要影响。

对青藏高原多年冻土地区路基而言，由于其下伏多年冻土，因而更加表现出对路基朝向引起路基温度场分布不对称性的敏感性。以青藏高原五道梁地区为例，有学者对不同走向路基温度场采用有限元法模拟分析发现路线东西走向时，温度场的不对称性体现得最为显著，路基内的－0.5℃高温冻土核(图 3-23 东西走向中 F 区域)明显向阳坡一侧偏移。不同走向路基左右边坡的温度状况不相同。以右边坡(阴坡)为例，图 3-23(东西走向)中路基阴坡的最低温度为－7.50℃，图 3-24(东偏北 45°)中为－6.87℃，均比图 3-25(南北走向)中的－5.63℃低，阴阳坡效应较为显著。

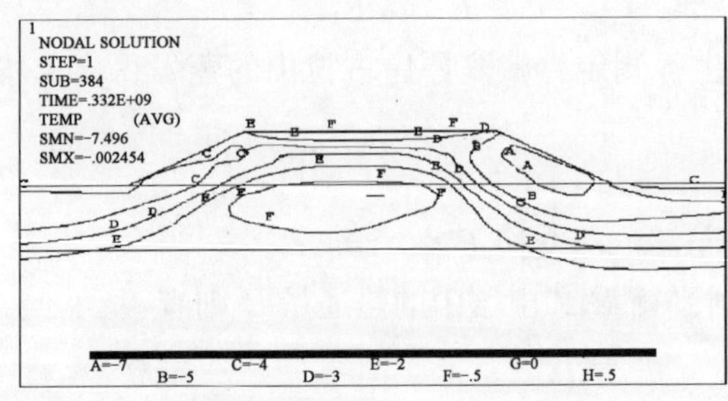

图 3-23　东西走向路基运营 10 年后 4 月 20 日温度场等值线图

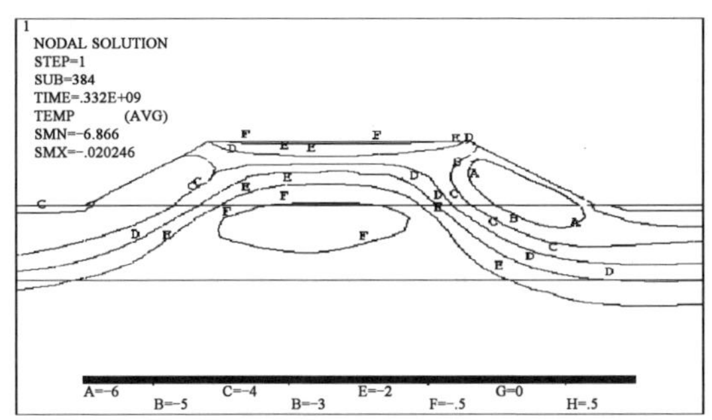

图 3-24　东偏北 45°走向路基运营 10 年后 4 月 20 日温度场等值线图

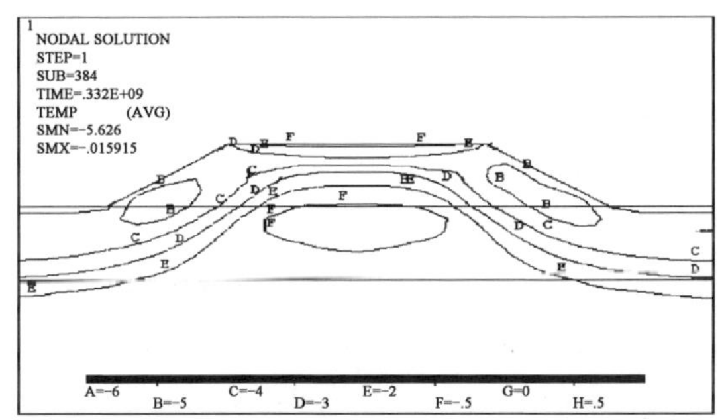

图 3-25　南北走向路基运营 10 年后 4 月 20 日温度场等值线图

(5)路基温度场与水分场的关系

一般,路基中热量的差异和改变引起水分的迁移与转化,同时,路基中的水分通过改变土体热特性来影响土的温度。如果以质能平衡为基础建立水、热迁移的理论模型,假定在某一瞬时时刻,各向的导热系数、扩散率及导水率为一定值,其值只是含水率的函数,与空间的位置无关,且考虑土体的各向同向性,则可得到冻土路基温度场和水分场的控制方程为:

$$\rho c\frac{\partial T}{\partial t}=k\left(\frac{\partial^2 T}{\partial x^2}+\frac{\partial^2 T}{\partial y^2}\right)+q_v+\rho L\frac{\partial f_s}{\partial t} \tag{3-11}$$

$$\frac{\partial\theta}{\partial t}=D\left(\frac{\partial^2\theta}{\partial x^2}+\frac{\partial^2\theta}{\partial y^2}\right)+D_T\left(\frac{\partial^2 T}{\partial x^2}+\frac{\partial^2 T}{\partial y^2}\right)+K-\frac{\rho_I}{\rho_W}\cdot\frac{\partial f_s}{\rho_W} \tag{3-12}$$

式中:θ——体积含水率;

ρ——密度;

c——比热容;

k——导热系数;

q_v——内热源强度；

t——时间；

T——温度；

x,y——二维坐标；

D、D_T——平面温度场、水分场的定义域；

L——土体的冻结或融化的相变潜热；

K——渗透系数。

式(3-11)和式(3-12)构成了冻土路基温度场和水分场耦合的理论模型，是在质能平衡基础上建立的水热耦合方程，是非线性偏微分方程。

3.1.3 路基结构与防眩

1)公路光线环境与防眩

(1)公路路侧光线环境与防眩

公路路侧眩光现象往往被人忽视，但较为多见，一方面为两侧无绿带太阳光或者其他光源照射的眩光，另一方面为两侧绿带的整齐排列形成的眩光或光污染(图 3-26)。

a)

b)

图 3-26 路侧植物眩光

a)太阳光通过树干照射眩光；b)树干影子眩光

当公路两侧整齐种植高大的落叶乔木，冬季北方乔木落叶后长距离的树干在太阳照射下容易形成眩光，其形式有太阳的眩光，也有反复不断刺激的树干影子眩光，这些均影响行车安全。其解决的方法主要是通过植物群落设计，将公路两侧整齐种植的高大落叶乔木改为乔灌配合的群落，将等间距的规则设计变为群落组合设计。

(2)汽车反光引起的眩光

汽车在公路或城郊(城市)道路上行驶时,经常出现对面车辆或者前方车辆的玻璃反光或者车灯、车体反光形成眩光,影响行车安全,如图 3-27 所示。

图 3-27　汽车反光引起的眩光

(3)林阴道的眩光

汽车在公路或城郊(城市)道路上行驶时,经常出现太阳光线的间断反复刺激,也可能导致眩光,影响行车安全,如图 3-28 所示。

a)

b)

图 3-28　林阴道的眩光

2)中央分隔带防眩现状与要求

(1)中央分隔带防眩要求

公路中央分隔带具有分隔交通,诱导视线,保障高速安全行车等重要作用。对一级公路、高速公路而言,中央分隔带应具有防眩的功能。特别是高速公路,其车速快,流量大,夜间对向行驶的车辆由于前照灯相互对射,极易对驾驶员的视线造成影响,对行车安全十分不利。所以,高速公路需要重点控制眩光对安全的影响。

在公路线形组合不好、纵坡长而大的山区路段，中央分隔带如不能有效遮挡对向眩光，往往容易引起驾驶员操纵上的困难，影响行车安全。这些地区有条件的公路也可以设置中间防眩设施。

(2)植物防眩和防眩板防眩

中央分隔带防眩一般可采用植物防眩和防眩板防眩，两者各有优缺点，各自有其适用的条件，表 3-4 为植物防眩和防眩板的综合性比较。

不同形式防眩设施的综合比较 表 3-4

防眩类型 / 比较项目	植物防眩		防眩板
	墙式种植	间隔式种植	
美化周围环境	好	好	一般
对驾驶员心理影响	小	小	小
对风阻力、积雪量影响	大	小	小
防眩效果	好	好	好
通视效果	差	好	好
施工难易、养护工作量	较小	较小	小
经济性	较差	好	差
生态效益及美化环境	好	好	差

一般认为，采用植物防眩，除具有防眩功能外，绿化植物能吸收尾气等多种有毒气体而放出氧气、阻滞尘埃、降低噪声、分泌杀菌素、降低路面温度和改善空气湿度，对预防“热岛效应”和改善公路及周边带状空气环境质量有利。防眩板成本远远大于分隔带绿化植物的成本(约是建植绿篱的 3.3 倍)，但后期养护费用相对较低。有学者认为“安装防眩板代替分隔带绿化”有利于后期养护，可以解决占道养护影响交通的问题，又解决了养护安全隐患和水资源紧张的问题。

一般利于植物生长的段落可以采用植物防眩的方法发挥植物的生态效益和美化功能；不利于植物生长的段落可以采用防眩板。对不适宜种植路段不宜盲目采用植物防眩；北方干旱地区不利于植物成活的区段，采取植物防眩也应慎重考虑。

3)中央分隔带植物防眩

选择植物防眩时，一般选择那些对土壤要求不严、易成活、生长慢、易修剪、易成形、耐热、耐旱、抗病虫害、抗有害气体能力好的当地适生树种，以低矮的常绿乔木或花灌木为主，其缓生性、抗逆性、抗污染性强；尽量避免长途及大量调运外地苗土，尽可能做到草坪或地被植物充分覆盖地面，上层密植灌、乔木植物，以最大限度地发挥植物的降噪和滞尘作用。中央分隔带种植形式有单一式（纵向单行等距离）和插花式种植等。

根据部分遮光原理：既要有效地遮挡对向车辆前照灯的眩光，又要横向通视好，让驾驶员能够看到斜前方，同时还要对驾驶员心理影响作用小。但是若采用了完全遮光，不仅会缩小驾驶员的视野，形成封闭空间，对驾驶员驾驶车辆产生压迫感，并且也会影响巡逻管理车辆对对向车道的通视。另外，无论白天还是黑夜，对向车道的交通情况是行车的重要参照系，其中很重要的一点就是驾驶员在夜间能够通过对向车辆的前照灯的光线判断同向前后两车的纵向距离，使其适当注意调整行驶状态。植物防眩与防眩板相似，同样必须满足防眩高度的要求，即其高度应满足防眩要求。所以，植物防眩主要考虑：遮光角、间距、防眩高度。

（1）遮光角

一般地，人眼睛的视力看到对象物体详细情况最强部分集中在 3°范围之内，人眼完全处于舒适情况看对象物体视场角度为 18°。车辆在高速公路上行驶时，驾驶人员的注意力集中，速度越快，注视点远移，视野范围缩小。根据运动中驾驶人员的注视点、视角随速度变化的规律和国内外高速公路的使用经验，防眩设施一般应保证 8°～12°的遮光角。我国汽车驾驶员的眼睛高度、汽车前照灯高度及照射角见表 3 5。

汽车驾驶员的眼睛高度、汽车前照灯高度及照射角　　　表 3-5

车　类　型	眼睛的高度（cm）	前照灯的高度（cm）	照射角（°）
小型车	120	80	12～14
大型车	200	120	12～14

（2）植物防眩间距

①单行植物遮光防眩的理论间距

对于单行植物种植间距和树冠的关系，如果照射角为 12°，则根据对面车辆照射时树冠的遮光三角形关系，树冠直径 d 与照射角 α 及植株间距 S，可用式（3-13）表达，计算得表 3-6 数值。

$$S = \frac{d}{\sin\alpha} \tag{3-13}$$

式中：S——植株间距（cm）；

d——树冠直径（cm）；

α——照射角(°)。

防眩种植间距和树冠直径(照射角为 12°)　　表 3-6

植株间距(cm)	树冠直径(cm)	植株间距(cm)	树冠直径(cm)
200	40	700	140
300	60	800	160
400	80	900	180
500	100	1 000	200
600	120		

由表 3-6 可以看出:照射角一定时,随树冠直径的增大,植株间距也逐渐增大。当树冠直径小于 100cm 时,植株间距通常小于 500cm;当树冠直径为 200cm 时,植株间距可达 1 000cm。表 3-6 为理论计算结果,但是在实际情况中,由于车流量大,车型组合不同,线形组合不同,防眩间距也不同。

②直线路段中央分隔带植株防眩间距

直线段,驾驶员的视线与对向车辆前照灯发出光线的临界关系,如图 3-29 所示,假设驾驶员与前照灯的连线与中央分隔带的两棵相邻植株分别相切。α 表示驾驶员视线与水平方向的夹角;b 表示植株的正投影半径。植株的正投影半径受到植株的冠幅的限定,一般根据所选择植株种类,以及植株的生长习性的不同确定单簇植株的冠幅在 1.2～1.8m 之间;L 表示植株间距;B_1、B_2 表示车辆纵向中线至中央分隔带纵向中线的距离;L_1 表示两辆车纵向距离。

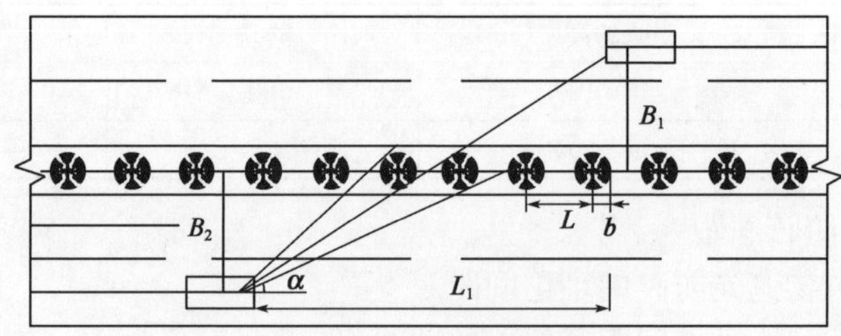

图 3-29　直线路段相向行驶车辆视线情况图

根据图 3-29 中的几何关系,可以得到如下公式:

$$\sin\alpha = \frac{2b}{L} = \frac{B_1 + B_2}{[(B_1 + B_2)^2 + L_1^2]^{\frac{1}{2}}} \tag{3-14}$$

所以

$$L = 2b \cdot \frac{[(B_1 + B_2)^2 + L_1^2]^{\frac{1}{2}}}{B_1 + B_2} \tag{3-15}$$

式(3-14)和式(3-15)适用于高速公路直线路段中央分隔带植株间距的计算。从式(3-14)中可以看出，欲计算高速公路中央分隔带的植株间距，需要明确该段高速公路最外侧车道中线之间的距离，并结合所选植株的冠幅，则可求出该段高速公路中央分隔带植株间距的最大值。

③曲线路段栽植植株防眩间距

对直线段与曲线路段，中央分隔带车辆前照灯光束与防眩植株之间的相互关系不同，相应的防眩植株栽植间距的要求也不一样。

a. 车辆位于曲线内侧时前照灯光束对外侧车辆的影响。在图 3-30 中，两同心圆分别为：大圆为曲线路段上防眩植株排的中心线，半径为 R，BT 为该圆的切线；小圆为公路曲线内侧主车道中心线的曲率圆，半径为 r，A 处为一车辆，AS 为车辆前照灯的主光轴，α 为照射角。T 为与 B 处左、右两侧附近的防眩植株的外轮廓线相切的切线。BT 与 AS 的夹角 θ 即为主光轴与防眩植株中心线方向之间的夹角。d 为植株冠幅截面直径($d=2b$)。由图 3-30 可知，前照灯的最外侧光束 AP 与植株排轴线 BT 之间的夹角为($\alpha+\theta$)。因此，在该情况下的栽植植株间距 L'应为：

$$L' = d/\sin(\alpha + \theta) \tag{3-16}$$

当曲、直路段所种植的植株规格相同时，有如下关系：

$$L'/L = \sin\alpha/\sin(\alpha + \theta) \tag{3-17}$$

由于该情况下曲线段 $\sin(\alpha+\theta)$值略大于直线段 $\sin\alpha$ 值，故有 $L'<L$。这表明：在考虑位于曲线内侧车辆前照灯的影响时，曲线段上的防眩植株栽植间距应适当地缩短。

b. 车辆位于曲线外侧时前照灯光束对内侧车辆的影响。如图 3-31 所示，当汽车的前照灯所发出的最外侧的光束与防眩植株所在中心圆相切离或相切时，防眩植株排中心线将位于光束之一侧，因而不可能穿越相邻两植株 A、C 而

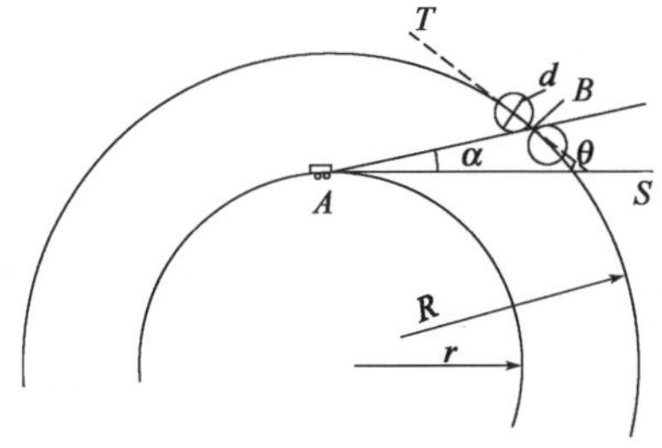

图 3-30　车辆位于曲线路段内侧时防眩植株栽植间距

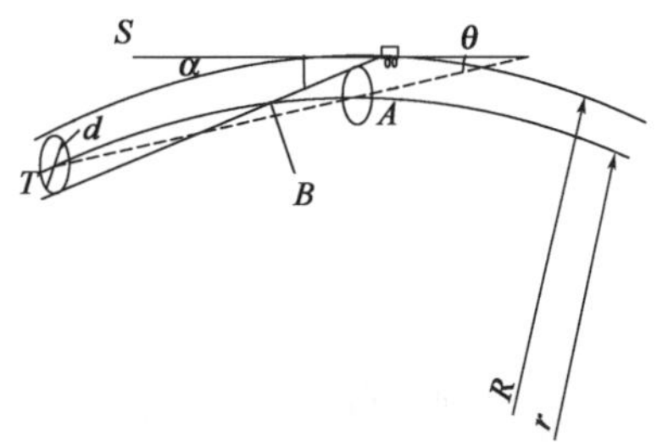

图 3-31　车辆位于曲线路段外侧时防眩植株栽植间距

发生眩光危害。图 3-31 中，BT 与 AS 的夹角 θ 即为主光轴与防眩植株中心线方向之间的夹角。因此，在该情况下的栽植植株间距 L' 应为：

$$L' = d/\sin(\alpha - \theta) \tag{3-18}$$

上式表明该种情况下植株间间距应比直线段大。从确保防眩效果出发，曲线段上的植株间距应依据车辆在内侧的情况进行安排。

(3)植物防眩高度

①直线路段中央分隔带上防眩植株高度的确定

在直线匀坡路段上，车辆、植株相互关系均可近似地简化(图 3-32)。C_1 为一处于主车道上的汽车，H 为该车前照灯所发出最外侧的光束 C_1C_2 与主光轴之间所形成的照射角。设光束恰作用于处在中央分隔带另一侧的超车道上的汽车 C_2 驾驶员的眼部，驾驶员便会受到眩光的干扰。为了避免这种情况的发生，防眩植株的高度应等于或略大于光束与中央分隔带上的植株排中心立面交点 D 的高度。

图 3-32 和图 3-33 中，h_1 为小型车前照灯高度，h_2 为大型车驾驶员眼部视高车辆有关尺寸，已由汽车产品标准和相关标准给定，所以不考虑汽车前照灯的向上入射角时，D 点的防眩设施最小高度可以由式(3-19)得出：

$$H = h_1 + \frac{(h_2 - h_1)B_2}{B} \tag{3-19}$$

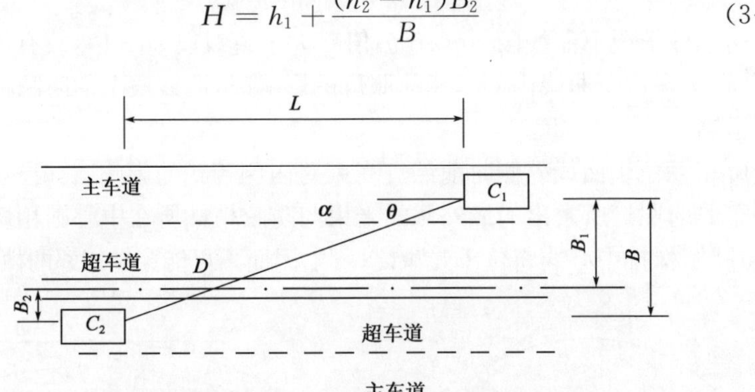

图 3-32　直线匀坡路段车灯发光中心、驾驶员视点和植株配置平面关系

如果考虑汽车前照灯的向上入射角，则应适当增加相应的植物高度。

一般，防眩高度是与在公路上行驶的车辆类型有关的，如果大型车辆行驶较多，则防眩高度要适当加高；如果小型车辆较多，则可适当减少防眩高度，例如日本要求的防眩高度只有 1.2m，目前我国大多数高速公路防眩高度应采用

1.6m 以上。根据式(3-19),按照国内标准车辆可得出表 3-7 的数据。

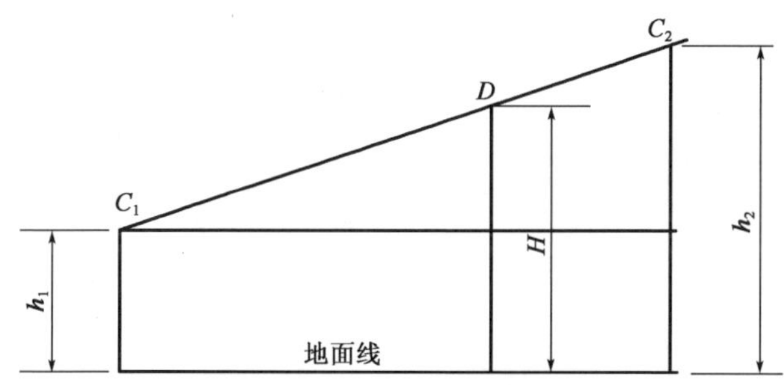

图 3-33　直线匀坡路段上车灯发光中心、驾驶员视点和植株配置立面关系

防眩设施高度表　　表 3-7

车型组合		防眩高度(m)	车型组合		防眩高度(m)
行车道	行车道		行车道	超车道	
小型车	小型车	1～1.15	小型车	小型车	1.3
小型车	中型车	1.4	小型车	中型车	1.4
小型车	大型车	1.35～1.5	小型车	大型车	1.4～1.42
中型车	中型车	1.55	中型车	中型车	1.72
中型车	大型车	1.55～1.63	中型车	大型车	1.66～1.8
大型车	大型车	1.6～1.65	大型车	大型车	1.65～1.84

从表 3-7 的数据可知,直线路段上,大型车与大型车或者大型车与中型车均在行车道上行驶会车时所需的最大防眩高度为 1.65m;大型车与大型车或者大型车与中型车在不同车道会车时,所需防眩最大高度为 1.84m;相对中小型车来说,大型车车速较慢,超车机会很少;因此可以将直线路段防眩设施的高度确定为 1.6m。这样,对应小客车和小货车的防眩高度满足要求。

②竖曲线路段相关变量间相互关系的分析

在变坡路段,如图 3-33 中的地面线不再可以简化为一水平线,而是一曲线。这样 D 点与地面之间的高差不能由式(3-19)计算。在凸曲线上,光束与地面之间的高差计算值小于 H 值,植株遮挡高度便已超过 D 点,这样可以保证驾驶员免受眩光的干扰;而在凹曲线上,相应值则会大于 H,此时防眩设施遮挡高度达不到 D 点的高度,光束便会越过防眩设施顶部,而直射驾驶员的眼睛,防眩设施未能达到预期的目的,因而必须采取增大防眩设施高度的措施加以补救。

凹型竖曲线路段，植株增加高度值 ΔH 与路基宽度、曲线段两车相对位置及曲线曲率半径相关，其值可参照表 3-8 选用。

凹形竖曲线的植株增高值 ΔH　　表 3-8

车速(km/h)	车　道　数	C_1 与 C_2 之间的高差 B(m)	凹竖曲线最小极限半径 R(m)	分隔离带植物增高值 ΔH(m)	
				高速公路 ΔH	一级公路 ΔH
120	8	19.50	4 000	0.26	
120	6	15.75	4 000	0.17	
120	4	11.50	4 000	0.09	
100	4	11.00	3 000	0.11	
80	4	10.00	2 000	0.14	
60	4	9.50	1 000	0.25	
100	4	10.50	3 000		0.10
60	4	9.50	1 000		0.25

在凸形竖曲线路段，驾驶员可以在一定范围从较低的角度看到对向车前照灯的眩光，随着两车驶近，视线上移，眩光才能被中央分隔带的植物遮挡。所以在凸形竖曲线路段应该加强植株下部空间的遮光作用，比如在灌木下层栽种较高地被植物，或者借助工程设施，消除眩光的影响。其设置的范围至少为凸形竖曲线顶部两侧各 120m。这是因为平直路段两车感觉不到眩光的两车最小纵距为 120m 左右，而汽车远照灯光的照距也是 120m 左右。凸形竖曲线段防眩设施高度以最小防眩设施高度为准。

3.2　带状的公路路面

公路路面直接显露于大气之中，直接服务于汽车，本节主要介绍路面结构组成与分类、使用品质与性能要求，以及路面色彩、低噪声路面。路面的结构、材料等具体的技术要求、设计要点、施工组织等可以参照相应的设计手册、设计规范或者有关专著。

3.2.1　路面结构组成与分类

路面结构由图 3-34 中所示的各个部分组成。图中，左半侧为沥青路面，右半侧为水泥混凝土路面。

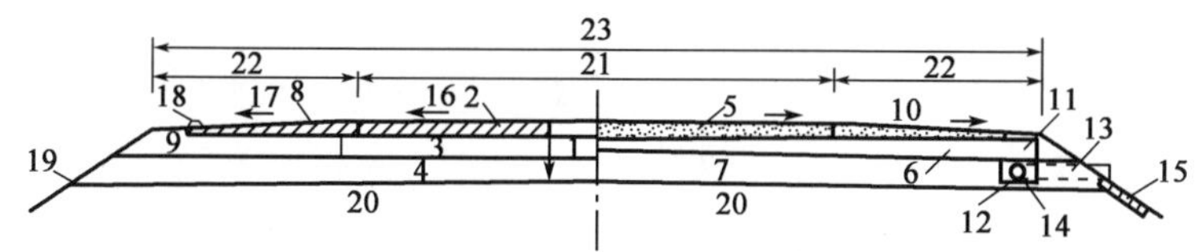

图 3-34　路面结构组成横断面(尺寸单位:m)

1-路面结构;2-行车道沥青面层;3-基层;4-垫层;5-行车道水泥混凝土面层;6-排水基层;7-不透水垫层;8-路肩沥青面层;9-路肩基层;10-路肩水泥混凝土面层;11-集水沟;12-纵向排水管;13-横向出水管;14-反滤织物;15-坡面冲刷防护;16-行车道横坡;17-路肩横坡;18-拦水带;19-路基边坡;20-路基;21-行车道宽度;22-路肩宽度;23-路基宽度

1)按面层的使用品质分类

通常按路面面层的使用品质,材料组成类型以及结构强度和稳定性,将路面分为四个等级。

(1)高级路面

高级路面的特点是强度高,刚度大,稳定性好,使用寿命长,能适应较繁重的交通量,路面平整,无尘埃,能保证高速行车。高级路面养护费用少,运输成本低,但初期建设投资高,需要用质量高的材料来修筑。

(2)次高级路面

次高级路面与高级路面相比,强度和刚度较差,使用寿命较短,所适应的交通量较小,行车速度也较低,次高级路面的初期建设投资虽较高级路面低些,但要求定期修理。养护费用和运输成本也较高。

(3)中级路面

中级路面的强度和刚度低,稳定性差,使用期限短,平整度差,易扬尘,仅能适应较小的交通量,行车速度低。中级路面的初期建设投资虽然很低,但是养护工作量大,需要经常维修和补充材料,才能延长使用年限。运输成本也高。

(4)低级路面

低级路面的强度和刚度最低,水稳定性差,路面平整性差,易扬尘,故只能保证低速行车,所适应的交通量最小,在雨季有时不能通车。低级路面的初期建设投资最低,但要求经常养护修理,而且运输成本最高。

2)按路面结构力学特性分类

在工程设计中,主要从路面结构的力学特性和设计方法的相似性出发,将路面划分为柔性路面,刚性路面和半刚性路面三类。

(1)柔性路面

柔性路面的总体结构刚度较小,在车辆荷载作用之下产生较大的弯沉变形,路面结构本身的抗弯拉强度较低,它通过各结构层将车辆荷载传递给土基,使土基承受较大的单位压力。路基路面结构主要靠抗压强度和抗剪强度承受车辆荷载的作用。柔性路面主要包括各种未经处理的粒料基层和各类沥青面层、碎(砾)石面层或块石面层组成的路面结构。

(2)刚性路面

刚性路面主要指用水泥混凝土作面层或基层的路面结构。水泥混凝土的强度高,与其他筑路材料比较,它的抗弯拉强度高,并且有较高的弹性模量,故呈现出较大的刚性,在车辆荷载作用下,水泥混凝土结构层处于板体工作状态,竖向变形较小,路面结构主要靠水泥混凝土板的抗弯拉强度承受车辆荷载。通过板体的扩散分布作用,传递给基础上的单位压力较柔性路面小得多。

(3)半刚性路面

用水泥、石灰等无机结合料处治的土或碎(砾)石及含有水硬性结合料的工业废渣修筑的基层,在前期具有柔性路面的力学性质,后期的强度和刚度均有较大幅度的增长,但是最终的强度和刚度仍远小于水泥混凝土。由于这种材料的刚度处于柔性路面与刚性路面之间,因此把这种基层和铺筑在它上面的沥青面层统称为半刚性路面。这种基层称为半刚性基层。

3)按面层所用材料分类

按面层所用材料的不同,路面可分为沥青路面、水泥混凝土路面、块料路面、粒料路面和复合式路面五类。

3.2.2 路面结构分层与组成材料

路面结构一般由面层、基层、底基层组成,必要时可在土基与基层(或底基层)之间设置垫层。面层是直接同行车和大气接触的表面层次,它承受较大的行车荷载的垂直力、水平力和冲击力的作用,并为车辆提供行驶表面,直接影响行车的舒适、安全和经济性,给周围环境带来一定程度的影响。同时还受到降水的浸蚀和气温变化的影响。因此,同其他层次相比,面层应具有较高的结构强度,抗变形能力,较好的水稳定性和温度稳定性,而且应当耐磨,不透水,其表面还应有良好的抗滑性和平整度。

面层由一层或多层组成;其上层可为磨耗层或多孔层,其下层可为整平层或联结层。有时分两层或三层铺筑，如高速公路沥青面层总厚度 18～20cm，可分为上、中、下三层铺筑，并根据各分层的要求采用不同的级配等级。水泥混凝土路面也有分上下两层铺筑，分别采用不同强度等级的水泥混凝土材料。水泥混凝土路面上加铺 4cm 沥青混凝土这样的复合式结构也是常见的。但是砂石路面上所铺的 2～3cm 厚的磨耗层或 1cm 厚的保护层，以及厚度不超过 1cm 的简易沥青表面处治，不能作为一个独立的层次，应看作为是面层的一部分。

修筑面层所用的材料主要有：水泥混凝土、沥青混凝土、沥青碎(砾)石混合料、砂砾或碎石掺土或不掺土的混合料以及块料等。

基层主要承受由面层传来的车辆荷载的垂直力，并扩散到下面的垫层和土基中去，实际上基层是路面结构中的承重层，它应具有足够的强度和刚度，并具有良好的扩散应力的能力。基层遭受大气因素的影响虽然比面层小，但是仍然有可能经受地下水和通过面层渗入雨水的浸湿，所以基层结构应具有足够的水稳定性。基层表面虽不直接供车辆行驶，但仍然要求有较好的平整度，这是保证面层平整性的基本条件。基层厚度太厚时，为保证工程质量可分为两层或三层铺筑，分别称为上基层(或基层)和底基层。底基层是设置在基层之下、并与面层、基层一起承受车轮荷载反复作用，起次要承重作用的层次。

修筑基层的材料主要有各种结合料(如石灰、水泥或沥青等)稳定土或稳定碎(砾)石、贫水泥混凝土、天然砂砾、各种碎石或砾石、片石、块石或圆石，各种工业废渣(如煤渣、粉煤灰、矿渣、石灰渣等)和土、砂、石所组成的混合料等。

在路基土质较差、水温状况不良时，宜在基层之下设置垫层，起排水、防冻胀、扩散应力、改善土基的湿度和温度状况等作用。基层为排水层时，垫层应采用密级配材料，并能起反滤层作用。修筑垫层的材料，强度要求不一定高，但水稳定性和隔温性能要好。常用两类，一类是由松散粒料，如砂、砾石、炉渣等组成的透水性垫层；另一类是用水泥或石灰稳定土等修筑的稳定类垫层。

路面类型、结构层次和组成材料的选择，依据道路等级、交通繁重程度、路基承载能力、当地材料供应情况、气候条件(气温、降水和冰冻等)、施工考虑(设备、工艺、分期修建、施工期限和经验等)、寿命周期费用分析、资金筹措等因素，综合考虑和分析后作出决定。

各类路面各结构层次可选用的组成材料如表 3-9 所示。

各类路面各结构层次可选用的组成材料　　表 3-9

结构层次	路面类型				
	沥青路面	水泥混凝土路面	复合式路面	块料路面	粒料路面
面层	沥青混合料 沥青表面处治 沥青贯入碎石	普通混凝土 钢筋混凝土 连续配筋混凝土 钢纤维混凝土 预应力混凝土 碾压混凝土	连续配筋混凝土+沥青混凝土 碾压混凝土+沥青混凝土	嵌锁式混凝土块料 整齐或半整齐块石	级配碎石或砾石 泥灰结碎石 粒料改善土
基层	水泥或石灰-粉煤灰稳定碎石或砾石粒料 贫水泥混凝土 沥青碎石、沥青贯入碎石 水结碎石、泥灰结碎石				石灰、水泥或石灰-粉煤灰稳定土 砂砾
垫层	水泥、石灰或石灰-粉煤灰稳定土 碎石、砂或砂砾				—

3.2.3　路面结构功能与使用品质

路面的功能不仅能够保证汽车在道路上能够全天候行驶，而且能保证汽车以一定的速度安全、经济、舒适地行驶。为了保证道路最大限度地满足车辆运行的要求，满足车速，增强安全性和舒适性，降低运输成本和延长道路使用年限，要求路面具有下述一系列基本性能。

(1)强度和刚度

行驶在路面上的车辆，通过车轮把荷载传给路面，在路面结构内部产生应力、应变及位移。如果路面结构整体或某一组成部分的强度或抗变形能力不足以抵抗这些应力、应变及位移，则路面会出现断裂、沉陷、波浪或车辙，使路况恶化，服务水平下降。因此要求路面结构整体及其各组成部分都具有与行车荷载相适应的承载能力。

路面结构的承载能力，通常指路面在达到预定的损坏状况(水平)之前还能承受的行车荷载作用次数，或者还能使用的年数。因而，路面在使用过程中，其承载能力随行车荷载作用次数或使用年数而逐渐下降[图 3-35b)]。结构承载能力同损坏状况存在着内在的关联，随着承载能力的下降，路面的损坏逐步出现和发展。承载能力低的路面结构，其损坏迅速发展，而在承载能力接近临界或极限状态时，路面的损坏达到严重危及其使用性能的程度，必须采取改建或重建措施以满足行车要求。

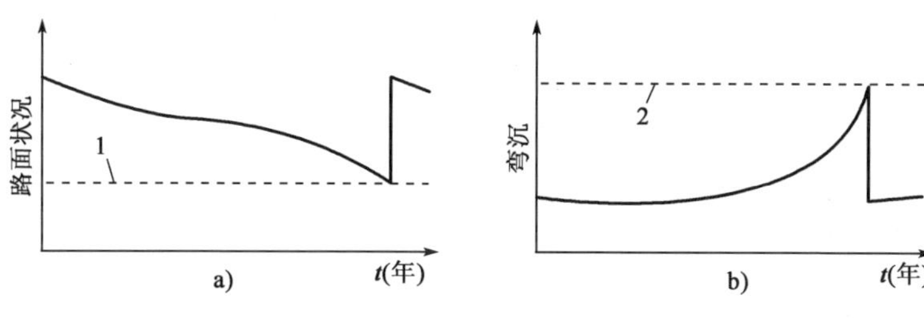

图 3-35　路面结构性能随时间的变化
a)损坏状况;b)承载能力
1-最低可接受水平;2-最大可接受水平

通常采用无破损试验(如路表弯沉测定)和破损试验(钻取芯样测定各结构层的厚度和材料力学性质)评定路面结构的承载能力(剩余寿命)。依据评定结果,可以分析结构损坏程度及其发展,并判断是否需要采用改建(加铺层)措施。

(2)稳定性

路面结构暴露在大气之中,经常受到大气温度、降水与湿度变化的影响,结构物的物理、力学性质将随之发生变化,路面的稳定性包括高温稳定性、低温稳定性和水稳定性。

大气温度周期性的变化对路面结构的稳定性有重要影响,高温季节沥青路面软化,在车轮荷载作用下产生永久性变形,水泥混凝土结构在高温季节因结构变形产生过大内应力,导致路面压曲破坏。北方冰冻地区,在低温冰冻季节,水泥混凝土路面、沥青路面、半刚性基层由于低温收缩产生大量裂缝,最终失去承载能力。

大气降水和高速行驶的车辆使得路面结构内部的湿度状态和水压状态发生变化。水泥混凝土路面,如果不能及时将水分排出结构层,会发生唧泥现象,冲刷基层,导致结构层提前破坏。沥青混凝土路面中水分的侵蚀,会引起沥青结构层剥落,结构松散。砂石路面,在雨季时,会因雨水冲刷和渗入结构层,而导致强度下降,产生沉陷、松散等病害,因此防水、排水是确保路基路面稳定的重要方面。

(3)耐久性与运行经济性

车辆在路上行驶的运行费用主要包括燃油、轮胎、车辆维修配件和工时等消耗。道路线型(平面、纵断面和横断面)和交通状况对于车辆的运行费用有较大的影响,而路面的表面状况,如粗构造、宏构造和不平整等因素,也影响到车辆的运行费用。因而,车辆运行的经济性与路面的平整度有关。

路面工程投资昂贵,从规划、设计、施工至建成通车需要较长的时间,对于这样的大型工程都应有较长的使用年限,因此路面工程应具有耐久的性能。

(4)行驶舒适性

车辆在路面上行驶的舒适性与路面表面的不平整程度、车辆悬挂系统的振动特性以及乘客对振动的反应和接受能力三方面因素有关。从路面的角度看,影响行驶舒适性的主要是路面的平整度。

路面表面平整度是影响行车安全,行车舒适性以及运输效益的重要使用性能。特别是高速公路,对路面平整度的要求更高。不平整的路表面会增大行车阻力,并使车辆产生附加的振动作用。这种振动作用会造成行车颠簸,影响行车的速度和安全、驾驶的平稳和乘客的舒适。同时,振动作用还会对路面施加冲击力,从而加剧路面和汽车机件的损坏和轮胎的磨损,并增大油料的消耗。而且,不平整的路面还会积滞雨水,加速路面的破坏。因此,为了减少振动冲击力,提高行车速度和增进行车舒适性、安全性,路面应保持一定的平整度。路面平整度可定义为路面表面诱使行驶车辆出现振动的高程变化(其纵向起伏的波长范围约为0.5～50m),它可用仪器进行量测。而乘客对振动的感受和接受能力则带有主观性,往往采用小组评分的方法进行主观评定。

路面的平整度同整个路面结构和路基顶面的强度和抗变形能力有关,同结构层所用材料的强度、抗变形能力以及均匀性有很大关系。强度和抗变形能力差的路基路面结构和面层混合料,经不起车轮荷载的反复作用,极易出现沉陷,车辙和推挤破坏,从而形成不平整的路面表面。优良的路面平整度,要依靠优良的施工装备,精细的施工工艺,严格的施工质量控制以及经常和及时的养护来保证。

路面使用初期的平整度与施工技术水平(工艺和设备)、施工质量控制、面层构造(如接缝)和材料(如粗集料粒径)等因素有关。而在使用期间,随着车辆荷载的反复作用、周围环境周期变化的影响以及路面龄期的增加,路面的平整度会随各种路面病害的出现而逐渐下降[图3-36a)]。当平整度(也即行驶舒适性)下降到某一预定的限值时,路面便不能满足基本功能的要求,而需采取适当的改建措施以恢复其功能。行驶舒适性的限值标准,在很大程度上依据道路等级、交通量和资金条件等确定。

(5)行车安全性

路面在行车安全方面的功能性能包括抗滑(摩阻和漂滑)、溅水和喷雾、夜间亮度或反光性等。路面表面要求平整，但不宜光滑，汽车在光滑的路面上行驶时，车轮与路面之间缺乏足够的附着力或摩擦力。雨天高速行车，紧急制动或突然启动，或爬坡、转弯时，车轮也易产生空转或打滑，致使行车速度降低，油料消耗增多，甚至引起严重的交通事故。通常用摩擦系数表征抗滑性能，摩擦系数小，则抗滑能力低，容易引起滑溜交通事故。

车辆低速行驶（30～50km/h）时，路表面的细构造为轮胎胎面提供黏着力。高速行驶时，胎面下的路表面水来不及排除，而在胎面与路表面间形成水膜，使轮胎在水面上漂滑。因而，对于高速行驶的路表面需设置粗构造以迅速排除路表水，使胎面与路表面的细构造相接触而提供足够的抗滑能力。车辙的出现，不利于路表水的排除。路面表面水在高速行驶车轮的滚压下，会向两侧和后方喷溅，影响后随车辆的视线，并可能危及行车安全。路表面的粗构造可加速路表水的排除，也可相应减轻溅水和喷雾现象，从而保障行车安全。在车辙深度超过 10～13mm 时，也会使高速行驶的车辆出现漂滑。

随着行驶车轮的不断磨耗作用，路表面细构造和粗构造的抗滑能力会逐渐下降[图 3-36b)]。当抗滑能力指标下降到危及行车安全的水平时，便需采取措施以恢复其抗滑功能。路表面的抗滑性能以摩阻系数（滑移数 SN 或侧向力系数 SFC）和平均构造深度等指标表征。

路面表面的抗滑能力可以通过采用坚硬、耐磨、表面粗糙的粒料组成路面表层材料来实现，有时也可以采用一些工艺措施来实现，如水泥混凝土路面的刷毛或刻槽等。此外，路面上的积雪、浮冰或污泥等，也会降低路面的抗滑性能，必须及时予以清除。

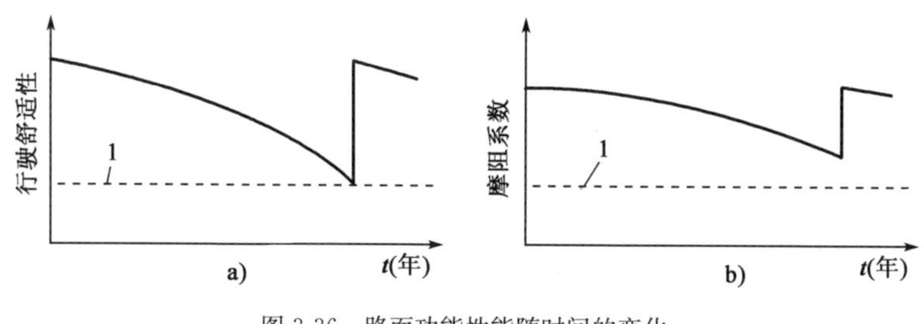

图 3-36　路面功能性能随时间的变化

a)平整度；b)抗滑能力

1-最低可接受水平

(6)对环境的影响

轮胎与路表面间的滚动接触是公路交通噪声的来源之一。在路面表面方面，影响轮胎—路表面噪声产生的主要因素为表面构造及其声阻抗（或声吸收)。研究表明,孔隙率低于8%的密实路表面,可高度反射噪声,其声阻抗接近于无限大,因而这种路表面的噪声生成仅取决于其表面构造。波长处于1～500mm范围内的表面构造(粗构造和宏构造)可以产生噪声。多孔表面的声吸收,主要取决于多孔层的孔隙率和厚度。孔隙率应尽可能高,一般要求大于20%,最好达到25%以上,以更好地吸收宽频带的噪声。薄多孔层宜于吸收高频噪声,而厚多孔层吸收低频噪声较为有效。

3.2.4 典型路面结构

表3-10为国外沥青路面主要结构类型,表3-11为国外已建沥青路面实例。

国外沥青路面主要结构类型 表3-10

1	2	3	4	5
全厚沥青路面	柔性路面	半刚性路面	组合式路面	倒装结构
沥青层	沥青混凝土	沥青混凝土	沥青混凝土	沥青混凝土
	沥青碎石基层	半刚性基层	沥青碎石基层	粒料过滤层
	粒料底基层	平刚性底基屋	半刚性底基层	半刚性底基层
路基	路基	路基	路基	路基

国外已建沥青路面实例 表3-11

国家	路名	面层厚度(cm)	基层厚度(cm)	底基层厚度(cm)	总厚度(cm)
日本	名神	10中粒式+粗粒式	20级配碎石	20未处理级配砂砾	50
	札幌	10中粒式+粗粒式	20沥青碎石	50未筛分砾石	80
	道央	10中粒式+粗粒式	15沥青碎石	25水泥稳定碎石	50
美国	高速公路	5沥青混凝土	19沥青稳定碎石+15砂砾	15加固底基层	54
德国	高速公路1	4+3+5沥青混凝土	18沥青碎石	15级配砂砾	45
	汉堡高速公路	3.5+3.5+5沥青混凝土	18沥青碎石	15级配砂砾	45
法国	高速公路1	8沥青混凝土	15沥青基层	25优质级配粒料	48

表3-12为日本高速公路沥青路面结构(D交通),表3-13为国内已建高速公路沥青路面结构实例。

日本高速公路沥青路面结构(D交通)　　表 3-12

时间	高速公路名称	路面结构(cm)				总厚(cm)
		密级配	粗粒式	上基层	下基层	
1989	九州高速公路	4	6	8ATB	27 粒料	45
1990	近畿自动车道	4	6	9ATB	21 粒料	40
1993	东名阪自动车道	4	6	8ATB	22 粒料	40
1993	山阳自动车道	4	6	15ATB	20 粒料	45
1995	馆山自动车道	4	6	14ATB	21 水稳	45
1999	东北自动车道	4	6	15ATB	25 粒料	50
2000	北关自动车道	4	6	15ATB	20 粒料	45

国内已建高速公路沥青路面结构实例　　表 3-13

路名	路面结构及厚度(cm)	总厚度(cm)	累计当量轴次(万次)
京津唐高速公路(北京段)	4cm 中粒式沥青混凝土 6cm 粗粒式沥青混凝土 13cm 沥青碎石 20cm 水泥稳定砂砾 30cm 二灰土	73	2 750
沈大高速公路(1985 年)	5cm 中粒式沥青混凝土 5cm 粗粒式沥青混凝土 5cm 沥青碎石 20cm 二灰砂粒 20cm 二灰土	55	1 800
广州—深圳高速公路	4cm 中粒式沥青混凝土 8cm 粗粒式沥青混凝土 10cm 密级配沥青碎石 10cm 沥青碎石 23cm 水泥碎石 23cm 级配碎石 23cm 未筛分碎石	101	4 960

3.2.5　彩色路面

随着经济的快速发展、技术的进步以及人们生活水平的提高，人们已经把路面作为一种工程与艺术的集中体来进行建设。以上海世博会、西安世园会等旅游区域道路为例，彩色路面都散发出其不同的艺术魅力。一些地区的高速公路路面也在局部采用不同的色彩来表现人们的艺术追求。

彩色沥青路面是新型的铺面技术，比如彩色防滑路面系统是一种不含有溶剂的多组分环氧基系统，各组分树脂按照一定比例和顺序拌和，摊铺后，均匀撒布薄层高密度彩色防滑集料；待树脂固化后，扫除多余集料后形成的具有较深构造深度的彩色面层。总之，彩色沥青路面独特的路用性能引起了国内外道路工程和材料工程广泛的关注，有关其材料的技术要求、沥青混合料的路用性能及施工工艺等方面读者可参考相关技术文献，这里不作介绍。

(1)上海世博会的彩色路面

上海世博会之前，上海市长宁区曾在市政道路如延安路、新华路等路段试铺了彩色道路，总面积约 1 000m^2 左右。上海世博会期间，建设的同济大学后门国康路—中山北二路—密云路—政修路—国权路—邯郸路—复旦大学的一段彩色路面，宽度在 2.2～2.5m 之间，长约 1.8km，颜色为墨绿色。

期间，在上海世博公园(位于上海世博会围栏区内的浦东区域，地处原先周家渡、白莲泾一带，与黄浦江紧紧相依，长约 1.7km，宽为 70～300m，面积约为 26km^2，紧邻世博会主展馆，是世博园区最为重要的滨江公共绿地)内建设了彩色生态透水路面(图 3-37)，色彩呈现多元化，对丰富静态视觉效果具有显著作用。

图 3-37　上海世博公园内的彩色生态透水路面

(2)西安世园会的彩色路面

从世园会得宝门进入，穿过欧陆风情服务区左转，便能在山之谜径展园和巴基斯坦展园间看见一条美丽的彩色路面(图 3-38)，红黄相间，蜿蜒着一路铺开。踏脚前行，似有轻微的弹力从脚底蔓延至全身，走路也因此变得轻松了许多。

图 3-38　世园会中兼具环保实用的彩色路面

西安世园会布设了四处彩色路面，包括国际园、省内园等地，是用一种类似陶瓷材质的抗滑材料（CRM 薄层环氧抗滑材料），铺设在原有沥青路面上而成的，铺设层厚约 5mm，是一种有防滑性能的新型路面，具有舒适度高、自重轻等特点，可有效增强车辆减速效果及缩短制动距离，能预防和降低交通事故。一方面，建造这种路面的材料黏结强度高、耐磨性好，不易出现脱落，使用寿命比普通路面长许多，同时还具有厚度薄、自重轻的特点，基本不增加原路面高度，却能增加路面的承重力，确保车辆和游客的安全。另一方面，因为本身具备一定的弹力，相比传统路面而言，舒适度高，噪声低，无论步行，还是乘车，都能增加不少游览舒适感，可谓环保实用二合一。

（3）高速公路的彩色路面

高速公路应用彩色路面主要应用其颜色丰富、路面耐久、防滑性能好等功能，可以在行车道、超车道等区域应用，局部也可以在隧道进出口、服务区、收费站等区域应用，一方面改善交通环境，提供安全、耐久的行车条件，另一方面改善单一的黑色路面单调的景观，提高驾驶员注意力，构建和谐的交通（图 3-39～图 3-45）。

图 3-39　某高速公路的彩色路面，具有较强的抗滑性能

图 3-40 高速事故多发区彩色路面铺装，具有较强的抗滑性能

图 3-41 某高速公路隧道进口的彩色路面，给人以提醒作用，同时具有较强的抗滑性能

图 3-42 高速公路匝道彩色铺装

图 3-43 高速隔离带防滑彩色路面铺装

图 3-44 高速收费站防滑铺装

图 3-45　高速服务区防滑彩色路面铺装

此外，也有局部采用高防滑彩色路面材料作为彩色立体防滑标志使用，提供一个彩色道路警示标志，一般以鲜艳的颜色出现，形成立体视觉效果，避免了传统标志的平滑的缺点（图 3-46）。

图 3-46　防滑彩色标志

（4）其他公路、市政道路的彩色路面

相应地，随着彩色路面技术的兴起和人们对路面艺术的追求，许多旅游公路、市政道路也迅速应用了彩色路面，下面是一些应用实例（图 3-47～图 3-50）。

图 3-47　厦门环岛路彩色路面

图 3-48　武汉市某桥面彩色路面铺装

图 3-49　某市政道路彩色路面铺装

图 3-50　某双向车道的彩色路面

还有一些城市公交车道、自行车道等也有应用彩色路面，如北京西大望路奥运公交专用道、上海延安西路公交专用道、青岛辽阳西路彩色公交专线、成都一环路彩色公交专用道、上海杨浦区同济大学—复旦大学非机动车道等

（图 3-51、图 3-52）。

图 3-51　某公交专用道彩色路面

3.2.6　低噪声路面

低噪声路面有多种形式，可分为沥青混凝土和水泥混凝土两类，如疏水沥青混凝土路面其主要功能是抗滑，保障交通安全，同时有降低轮胎噪声的功能。又如，有抗滑表层的橡胶沥青混凝土路面（法国 PRI 公司提供的材料与技术）也是降低噪声路面的一种。我国已在少量试验路段上，修筑了上述两种低噪声路面。

图 3-52　某非机动车道彩色路面

国际常设公路协会（PLARC）的混凝土协会 1988 年设立了水泥混凝土路面降噪声委员会，他们收集汇总了各国的研究成果，水泥混凝土路面的降噪方式归纳如下：

①路面应具有良好的平整度。不允许存在间距为数厘米的横向不平整度，以降低轮胎冲击（振动）噪声。

②以纵向条纹代替横向条纹。纵向条纹不但可降低轮胎的气泵效应，还可降低冲击噪声。在水泥混凝土中加入增塑剂，浇筑刮平表面后再拉纵向条纹，据报道，不同的纵向条纹表面构造，降噪量差别较大。

③表面用编织物处理，或用水刷洗。表面铺压编织物（如麻袋片），或用水刷洗混凝土，以增加表面粗糙度，从而降低轮胎气泵噪声的强度和频率。

④加气混凝土面层。30cm 厚的加气混凝土面层，其孔隙率为 20%左右，对降低轮胎噪声有利，但其造价较高，表面强度较低，抗冻性也有问题。因此，只能在特殊场合使用。

⑤粗糙面层。在新铺筑的水泥混凝土路面上(可不设封面层,但强度需足够),用环氧脂和砾石铺设面层。该面层既有粗糙度,又有弹性,据报道,其降噪效果比多孔隙沥青路面要好。

研究表明,露石水泥混凝土路面的降噪特性可以同多孔沥青路面相媲美。

低噪声多空隙沥青路面,又称为透水(或排水)沥青路面,其孔隙率通常在15%～25%之间,有的甚至高达30%。单层多孔隙沥青混合料面层路面是在普通密级配的沥青混凝土路面上,再铺筑一层开级配多孔隙沥青混合料面层,面层的厚度以4～5cm、孔隙率20%左右为宜。超厚多层多孔隙沥青混合料面层厚度为40～50cm,一般设四层排水沥青混合料和4cm厚的多孔隙沥青混凝土面层,每层的材料级配不同,其目的是增加降噪效果。

关于低噪声路面的材料构造、铺筑技术和养护管理等还需全面深入的研究,然而它的降噪效果是肯定的。欧洲一些国家铺筑的开级配多孔隙沥青路面试验路段,较传统的密级配路面降低噪声3～6dB(A),雨天可降低约8dB(A)。试验路面层的孔隙率大多为20%左右。法国Rhone省联合Michelin研究室,从1988年起对低噪声路面的理论进行研究,得出的结论是采用加厚多孔隙路面噪声可以降低到10dB(A)以内,但最大不会超过10dB(A)。

所以,采用低噪声路面降低道路噪声、保护环境其优点是:由于混合料孔隙率高,不但能降低噪声,还能提高排水性能,在雨天能提高行驶的安全性。局限性是:耐久性差,集料、黏结料要求高,水稳定性要求高,使用一段时间后,孔隙易被堵塞。而且低噪声路面造价昂贵,在我国尚处于试验阶段(图3-53)。

图3-53　某低噪声排水沥青路面(左)与普通路面(右)

经对某低噪声排水沥青路面(低噪声路面)进行噪声测试,其降噪效果为:路肩处可降低3～4dB(A),路外15米处可降低1.1～3.5dB(A),大型车数量增加时降噪效果有所降低。

3.3 路基路面变形与人体舒适性

路堤不均匀沉降引起路面结构内产生附加应力，一旦这种附加应力与车轮荷载应力、路堤自重应力之和超过路面结构材料本身的容许强度，路面便会产生结构性破坏，直接影响到路面的使用寿命。因此，为保证路面的正常使用，确保路堤不发生超过某一限值的不均匀沉降值是极为重要的，这一限值是一个结构性指标。本节主要从汽车在路面上行驶的舒适性作为控制沉降的计算指标进行分析。

汽车的舒适性包括行驶平顺性、噪声、空气调节和空间特征等内容，在这里主要就汽车的行驶平顺性作为汽车舒适性的主要评价指标。汽车行驶平顺性是指能保证乘客在汽车行驶过程中，不致因车身振动而引起不舒服和疲劳的感觉；或能保证货物在运载过程中能保持所运货物完整无损时汽车具有的性能。行驶平顺性好的路面，驾驶员不易疲劳，有利于行车安全，也有利于汽车动力性能的发挥，使汽车能得到较高的平均速度和较高的生产率，也可使汽车的可靠性得到提高和使用寿命得到延长。

20世纪70年代初，国际标准化组织(ISO)在综合大量有关人体全身振动能力研究的基础上，制订了国际标准ISO 2631《人体承受全身振动能力的评价指南》。振动对人体的影响不仅与振动频率、强度以及振动的方向相关，而且与加速度有密切的关系。为了准确、方便，采用加速度的均方根来计算。经过我国的科技研究人员的努力工作，制订出适合我国客车舒适性评价指标的限值，见表3-14。

我国客车舒适性评价指标的限值(GB/T 12475—90)　　表3-14

评价指标	大、中型客车				轻型客车	
	旅游		长途	城市	高级	普通
	空气悬挂	非空气悬挂				
加速度加权均方根(m/s^2)	≤0.459 5	≤0.707 9	≤1.024 7	≤1.122 0	≤0.683 3	≤0.812 3
等效均值(dB)	≤113.0	≤117.0	≤120.0	≤121.0	≤116.5	≤118.0
降低舒适界限(h)	≥2.5	≥1.0	≥0.5	≥0.4	≥1.2	≥0.8

在公路的纵断面设计中，竖曲线的设计应满足一个最重要的条件。就是缓和冲击，当汽车行驶在竖曲线上时，产生径向离心力，旅客就有增重或减重

的现象，造成不舒适的感觉，因此要控制离心加速度，也就是垂直方向的加速度。根据试验得知：离心加速度 a 控制在 0.5～0.7m/s^2 比较合适。考虑到不因冲击而造成的不舒适，必须对离心加速度进行限制。由我国《公路工程技术标准》(JTG B01—2003)规定的凹形竖曲线最小半径的要求，可推得离心加速度 a_{min}=0.278m/s^2，a_{max}=1.024m/s^2。

路面功能性的表面特性与路面的起伏不平密切相关，国际道路协会常设委员会(PLARC)以路面凹凸不平的纵向波长来表示其几何特征。对平整度这个表面特性来说，分为三种波长：短波波长：0.5～5m；中波波长：5～15m；长波波长：15～50m。路面凹凸不平一方面是由于施工时控制不力造成的；另一方面是由于路基不均匀沉降引起的。

第七届沥青路面结构会议提出路面损坏与表面构造的关系，也就是用不同的路面波长表述不同的路面损坏程度，并提出了路面表面构造的波长分类，进一步论述了影响舒适性、安全性、经济性及环境的表面构造有着不同的波长范围，如图 3-54 所示。

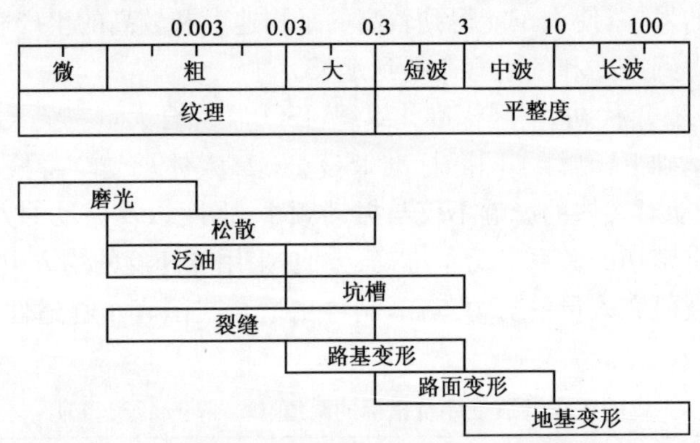

图 3-54　路面波长与路面病害的影响范围(单位：mm)

根据路面变形的曲线(假设为抛物线)，可得出路基沉降、路面变形对舒适度的影响与汽车行驶速度密切相关。

第 4 章　公路桥梁建筑

自古以来，桥梁工程作为主要的交通建筑，一直遵循着将结构与艺术的统一、协调作为建设目标。关于桥梁建筑与其功能、周围环境等相协调及桥梁结构等设计相关专著已有所表述，本章不作重点介绍。公路桥梁建筑，笔者理解应建立在系统的公路建筑学理论体系上，在满足基本功能（通车、通航、防洪等等）的前提下，从公路建筑心理学、建筑空间、光学与色彩、建筑环境等方面入手，追求结构与艺术、心理、环境的统一、协调。由于篇幅限制，本章主要介绍公路桥梁的组成和分类、桥梁造型、桥梁色彩与照明、栏杆等，力图通过一些实例的介绍来引导公路桥梁建筑设计。

4.1　桥梁组成与分类

4.1.1　桥梁组成

桥梁由承受汽车荷载或其他运输车辆荷载的桥跨上部结构与下部结构，以及桥面构造组成。其中，上部结构与下部结构是桥梁结构安全性的保证，可以分为以下 5 个系统：

（1）桥跨结构（或称桥孔结构、上部结构），是路线遇到障碍（如江河、山谷或其他路线等）中断时，跨越这类障碍的结构物，见图 4-1。桥梁结构两支点间的距离 L_0 称为计算跨径。

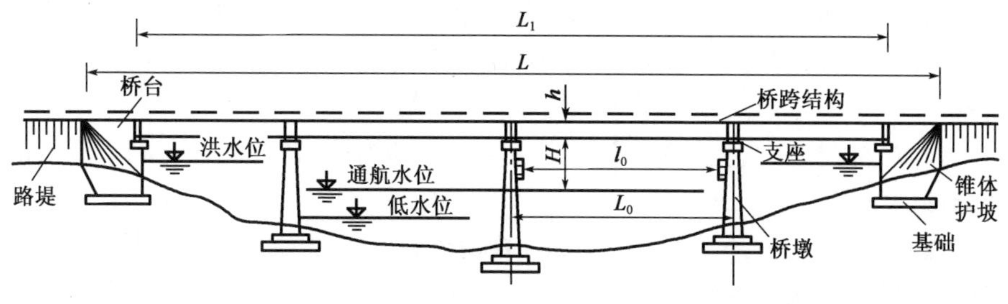

图 4-1　桥梁的基本组成

对于梁式桥而言，桥梁两个桥台侧墙或八字墙尾端的距离 L，称为桥梁全长（无桥台的桥梁为桥面系行车道长度）。而通常又把两桥台台背前缘间距离 L_1 称为桥梁总长。设计洪水位线上相邻两桥墩（或桥台）的水平净距 l_0 称为桥梁的净跨径，各孔净跨径的总和，称为桥梁的总跨径。桥梁总跨径反映它排泄洪水的能力。

设计洪水位或设计通航水位与桥跨结构最下缘的高差 H，称桥下净空高度。桥下净空高度 H 不得小于排洪所要求的，以及对该河流通航所规定的净空高度。桥面与桥跨结构最低边缘的高差 h，称桥梁的建筑高度。公路桥面高程与桥下通航或排洪必需的净空高度之差，又称为容许建筑高度。桥梁的建筑高度不得大于它的容许建筑高度，否则不能保证桥下的通航或排洪要求。

根据容许建筑高度的大小和实际需要，桥面可布置在桥跨结构的上面或下面。布置在桥跨结构上面的，称上承式桥，在下面的称下承式桥，在中间的称中承式桥。

(2)支座系统。它支承上部结构并传递荷载于桥梁墩台上，保证上部结构在荷载、温度变化或其他因素作用下所预计的位移功能。

(3)桥墩。桥墩是在河中或岸上支承两侧桥跨上部结构的建筑物。

(4)桥台。设在桥的两端，一端与路堤相接，并防止路堤滑塌，另一端则支承桥跨上部结构的端部。为保护桥台和路堤填土，桥台两侧常做一些防护工程。

(5)墩台基础。墩台基础是保证桥梁墩台安全，将荷载传至地基的结构部分。

桥面构造直接与桥梁服务功能有关，对桥梁行车的舒适性和结构物的观赏水平作用较大。主要由以下部分组成：

(1)桥面铺装（或称行车道铺装）。铺装的平整、耐磨性、不翘曲、不渗水是保证行车舒适的关键。

(2)排水防水系统。排水防水系统应能迅速排除桥面上积水，并使渗水的可能性降至最低限度。城市桥梁排水系统应保证桥下无滴水和结构上无漏水现象。

(3)栏杆（或防撞栏杆）。它既是保证安全的构造措施，又是有利于观赏的装饰件。

(4)伸缩缝。桥跨上部结构之间，或在桥跨上部结构与桥台端墙之间，设有缝隙，保证结构在各种因素作用下的变位。为使桥面上行车顺适，无任何振动，桥上要设置伸缩缝构造。一般要求结构牢固，外观光洁，便于养护。

(5)灯光照明。标志性的大跨桥梁或一些城市段桥梁一般均装置了多变幻的照明灯光,为大桥和城市增添了光彩夺目的晚景。

在桥梁建筑工程中,除了上述基本结构外,还有路堤、护岸、导流结构物等附属工程。

4.1.2　桥梁分类

桥梁按用途可分为:公路桥、铁路桥、公路铁路两用桥、农桥、人行桥、运水桥(渡槽)及其他专用桥梁(如通过管路、电缆等)。

按主要承重结构所用的材料可分为:木桥、钢桥、圬工桥(包括砖、石、混凝土桥)、钢筋混凝土桥和预应力钢筋混凝土桥。在工程建设中,采用最广泛的是混凝土桥(包括钢筋混凝土桥、预应力混凝土桥和圬工拱桥)。

按结构体系可分为:梁式桥(图4-2)、拱桥(图4-3)、刚架桥(图4-4)、缆索承重桥(即悬索桥、斜拉桥)(图4-5)四种基本体系。还有几种由基本体系组合而成的组合体系(图4-6)等。

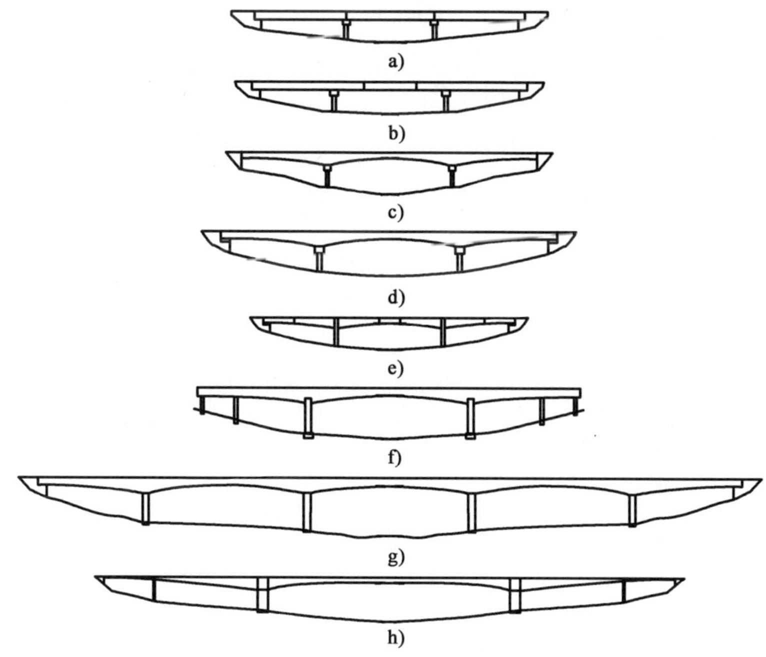

图4-2　梁式桥的各种体系

a)简支梁桥;b)单悬臂梁桥;c)、d)双悬臂梁桥;e)T型刚构;f)、g)、h)连续刚构桥

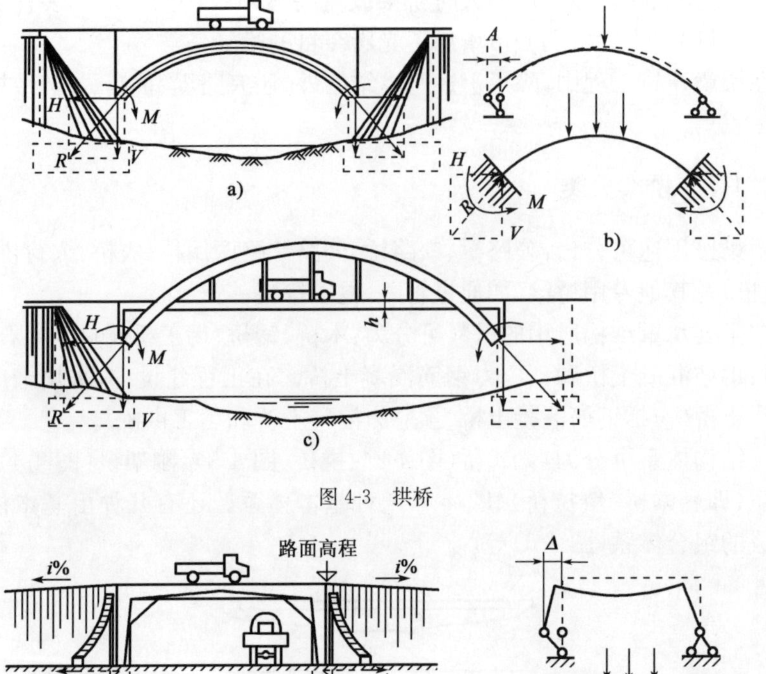

图 4-3　拱桥

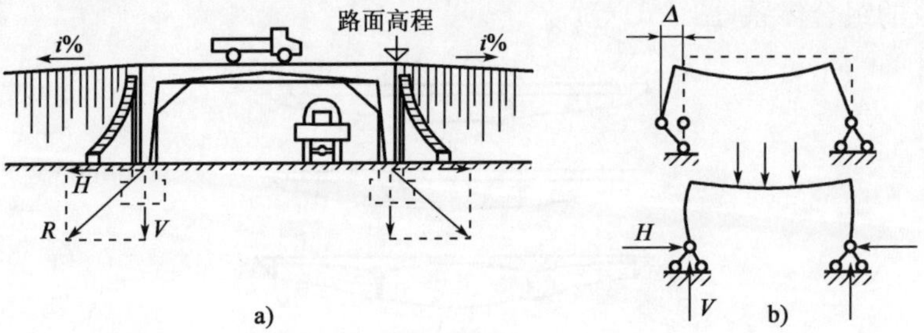

路面高程
i%
i%
H
R
V
a)
Δ
H
V
b)

图 4-4　刚架桥

a)梁板和立柱或竖墙结合；b)受力示意

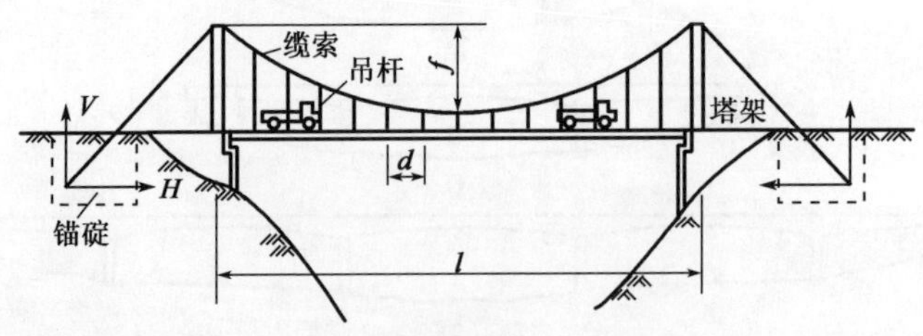

图 4-5　缆索承重桥(图为吊桥)

桥梁除了跨越河流之外，还有跨越其他障碍的，如跨线桥梁和跨越深谷桥梁等。除了固定式的桥梁以外，还有开启桥、浮桥、漫水桥等。

桥梁按照跨径大小的分类如表 4-1 所示。

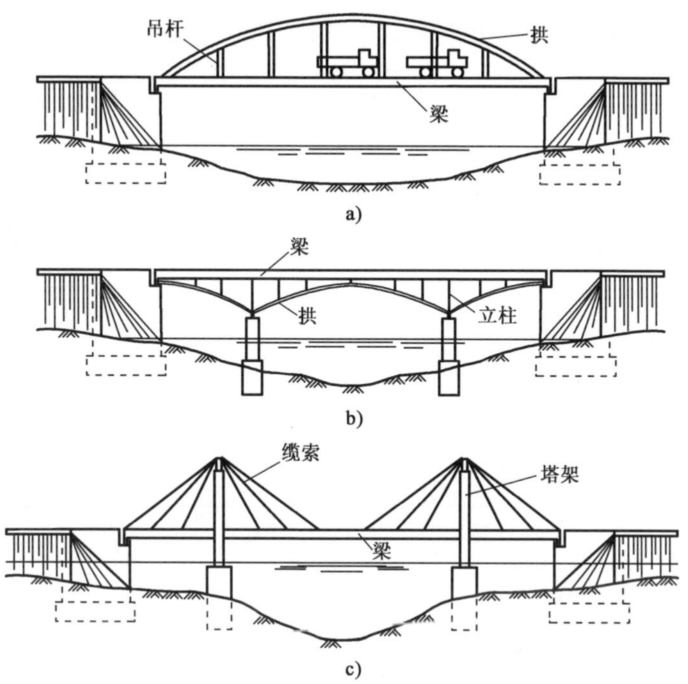

图 4-6　组合桥

a)梁和拱的组合拱在梁上方；b) 梁和拱的组合拱在梁下方；c)斜拉桥(梁和斜缆的组合)

桥梁按照跨径大小的分类　　表 4-1

桥 涵 分 类	多孔跨径总长 L(m)	单孔跨径 L_K(m)
特大桥	$L>1\,000$	$L_K>150$
大桥	$100\leqslant L\leqslant 1\,000$	$40\leqslant L_K<150$
中桥	$30<L<100$	$20\leqslant L_K<40$
小桥	$8\leqslant L\leqslant 30$	$5\leqslant L_K<20$
涵洞	—	$L_K<5$

注：1. 单孔跨径系指标准跨径。

2. 梁式桥、板式桥的多孔跨径总长为多孔标准跨径的总长；拱式桥为两岸桥台内起拱线间的距离；其他形式桥梁为桥面系车道长度。

3. 管涵及箱涵不论管径或跨径大小、孔数多少，均称为涵洞。

4. 标准跨径：梁式桥、板式桥以两桥墩中线间距离或桥墩中线与台背前缘间距为准；涵洞以净跨径为准。

桥涵的跨径小于或等于 50m 时，宜采用标准化跨径。

桥涵标准化跨径规定如下：

0.75m、1.0m、1.25m、1.5m、2.0m、2.5m、3.0m、4.0m、5.0m、6.0m、8.0m、10m、13m、16m、20m、25m、30m、35m、40m、45m、50m

4.1.3 桥梁的设计洪水频率与荷载标准

桥梁的设计洪水频率如表 4-2 所示。

桥涵的设计洪水频率(单位:年) 表 4-2

公路等级	设计洪水频率				
	特大桥	大桥	中桥	小桥	涵洞及小型排水构造物
高速公路	1/300	1/100	1/100	1/100	1/100
一级公路	1/300	1/100	1/100	1/100	1/100
二级公路	1/100	1/100	1/100	1/50	1/50
三级公路	1/100	1/50	1/50	1/25	1/25
四级公路	1/100	1/50	1/50	1/25	不作规定

注:1. 汽车荷载分为公路—Ⅰ级和公路—Ⅱ级两个等级。

2. 汽车荷载由车道荷载和车辆荷载组成。车道荷载由均布荷载和集中荷载组成。

3. 桥梁结构的整体计算采用车道荷载;桥梁结构的局部加载、涵洞、桥台和挡土墙土压力等的计算采用车辆荷载。车道荷载与车辆荷载的作用不得叠加。

各级公路桥涵设计的汽车荷载等级应符合表 4-3 的规定。

各级公路桥涵设计的汽车荷载等级 表 4-3

公路等级	高速公路	一级公路	二级公路	三级公路	四级公路
汽车荷载等级	公路—Ⅰ级	公路—Ⅰ级	公路—Ⅱ级	公路—Ⅱ级	公路—Ⅱ级

注:1. 二级公路作为干线公路且重型车辆多时,其桥涵设计可采用公路—Ⅰ级汽车荷载。

2. 四级公路重型车辆少时,其桥涵设计可采用公路—Ⅱ级车道荷载效应的 0.8 倍,车辆荷载效应可采用 0.7 倍。

其中,车道荷载如图 4-7 所示。

车辆荷载的布置如图 4-8 所示,其主要技术指标如表 4-4 所示。

车辆荷载主要技术指标 表 4-4

项　目	单　位	技术指标
车辆重力标准值	kN	550
前轴重力标准值	kN	30
中轴重力标准值	kN	2×120
后轴重力标准值	kN	2×140
轴距	m	3+1.4+7+1.4
轮距	m	1.8

续上表

项　　目	单　　位	技术指标
前轮着地宽度及长度	m	0.3×0.2
中、后轮着地宽度及长度	m	0.6×0.2
车辆外形尺寸(长×宽)	m	15×2.5

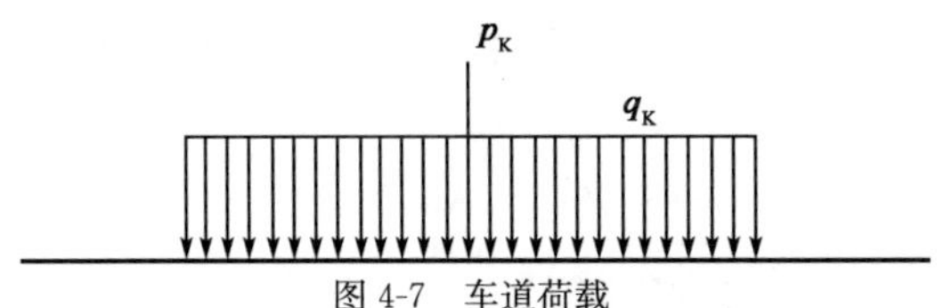

图 4-7　车道荷载

注:计算跨径为:设支座的为相邻两支座中心间的水平距离;不设支座的为上、下部结构相交面中心间的水平距离。

公路—Ⅰ级车道荷载的均布荷载标准值为 q_K=10.5kN/m;集中荷载标准值 P_K 按以下规定选取:

桥涵计算跨径小于或等于 5m 时,P_K=180kN;

桥涵计算跨径等于或大于 5m 时,P_K=360kN;

桥涵计算跨径大于 5m、小于 50m 时,P_K 值采用直线内插求得。

上述计算得到的剪力效应值应乘以 1.2 的系数。

公路—Ⅱ级车道荷载的均布荷载标准值 q_K 和集中荷载标准值 P_K,为公路—Ⅰ级车道荷载的 0.75倍。

车道荷载的均布荷载标准值应满布于使结构产生最不利效应的同号影响线上;集中荷载标准值只作用于相应影响线中一个影响线峰值处。

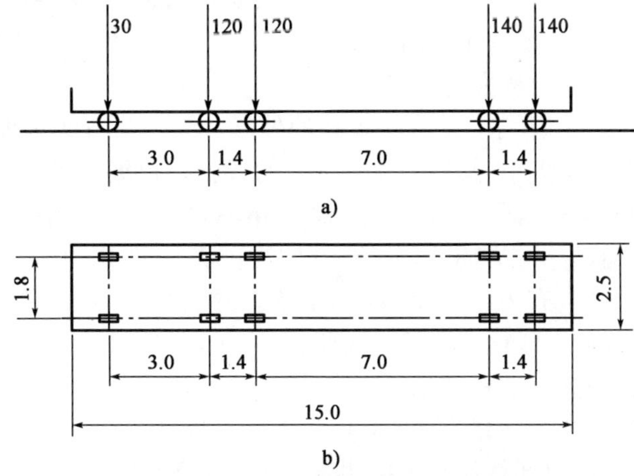

图 4-8　车辆荷载的布置(轴重力单位:kN;尺寸单位:m)

a)立面;b)平面

注:公路—Ⅰ级和公路—Ⅱ级汽车荷载采用相同的车辆荷载标准值。

关于桥梁设计荷载的横向分布系数及其他参数和荷载组合等，详见相关设计规范和手册。

4.2 桥梁造型

桥梁与一般建筑相比，其建筑艺术和造型的差异较多，桥梁的造型在视觉特点、结构的力感以及动感等方面具有显著特征，可运用构图的美学法则，合理地组织上述几何要素和非几何要素，达到符合桥梁结构稳定与运行安全以及视觉稳定的效果，这些是桥梁建筑设计的重点。本节着重从桥梁的视觉特点、结构的力感以及动感等方面分析桥梁造型艺术特征。

4.2.1 桥梁的视觉特点与设计

1)*形态要素及心理效应*

在自然界及人类生活的各个领域，物体都是由基本的形态要素点、线、面、体而构成。

(1)点和线

一般认为，点没有方向性也没有连续性，但却有形状大小。点的位置、数目、大小的不同排列组合都会带来不同的视觉感受。比如单点位于画面中心时，会产生平静、稳定的感觉，且引人注目；当画面中具有两点时，由于视线的移动，在两点之间产生张力和线的感觉；当画面有三点时，就会使人有面的感觉。当画面中有多个形状相似而大小不同的点时，就会使人产生远近的深度感，也会使人的注意力从大向小移动。

线具有形态，轮廓线可以反映事物的外形。线分为直线和曲线两大类。造型设计中，因点有大小，其移动轨迹形成的线就有粗细。线或粗或细，或直或曲以及不同的排列组合，都会明显地表现出不同的视觉性格和心理感觉。

直线具有运动感和方向感，并给人以严谨、秩序、明快的感觉。直线还象征刚直、统一、坚固、有力。粗壮的直线具有厚重、强壮之感，而细线有锐利的视觉感。水平线使人联想到辽阔的平原、无边无际的海洋，使人感到稳定、平静、开阔，给人以起始、平静、稳定、统一、庄重的感觉，同时还具有平稳的流动感。造型中常用它联系分散的局部，形成统一和谐的感觉。

垂直线使人联想到高耸的建筑、挺拔的树木，使人产生向上、端正、崇高的感觉，给人以庄重严肃、坚固沉重、挺拔向上的知觉感。造型中常采用加强垂直线的手法以取得造型体刚直、挺拔有力、高大庄重的艺术效果。垂直线由重力传递线所规定，它使人产生力的感觉。人的视野角在垂直方向比水平方向小，当垂直线较高时，只有仰视，产生向上、挺拔的感觉。平行的一组垂直线在透视上呈束状，能强化高耸、崇高的效果。哥特式建筑的垂直线使用较多，不高的众多垂直线在横向排列，由于透视的关系，线条逐渐变矮变密，能产生严整、景深、节奏感。

斜线具有较强的动感，使人联想到滑雪、飞翔、投射等，具有不稳定和动力流向的趋势，给人以奔放上升、散射突破、不稳定的感觉。

折线具有连续、波动重复的感觉，有较强的跳跃的动感，富于变化。造型中须应用恰当，否则可能引起动荡、跳跃、不稳定的效果，从而破坏造型物的稳定性。

曲线给人以轻松、柔和、优雅、流动的感觉，随曲线长短、粗细、形状的不同，情感的表现也不同。几何曲线有明确、理智的感觉，自由曲线则表现奔放、丰富并具有个性感觉。图 4-12 为桥梁造型中线（直线、曲线）的应用。

（2）面和体

几何直线形成的面有正方形、长方形、多边形、三角形等，由几何直线轮廓形成的面具有埋性的明快、数理的秩序，使人有稳定、简洁和坚固的感觉。几何曲线形轮廓的面（圆、椭圆等）有柔和、高贵、明确、理性、规整的感觉。

立体构成中作为基本单元的体可分为线材、板材、块材三种。线材具有长度和方向性，在空间可以产生轻盈、锐利和运动感，结构轻巧。线材与线材间的空隙所产生的虚体感，可生出流动和节奏的效果。在构成中要避免线材取材的杂乱和线材本身的粗细强烈反差，否则就会使实体与虚体之间比例显得不当，失去空间美感。板材具有平整和延伸感，有一定的力度。块体都具有一定的体量感，给人以充实、稳重、稳定。

2）造型设计中的“力”

格式塔心理学家认为，艺术作品所追求的不仅仅是平衡、和谐和统一，而且要获得一种由“方向性张力”所构成的“力” 的形式。

图 4-9 所示，在一个正方形的白色纸板上有一个黑色的圆。黑色的圆偏离了正方形纸板的中心位置，具有一种不安定感，似乎有一种要离开其原来位置的趋势（倾向性张力）。这种“倾向性张力”是直接由眼睛感知出来的，而不是靠理智的判断及大脑的想象所产生的，所感知的强度随位置的变化而变化。如图 4-9b）与 a）相比，图中黑色圆的不安定性较强。这种力类似“心理力”，有了“心理力”就自然地存在有“心理平衡”。

如图 4-10a）所示，面积大小相等的黑色方块与白色方块，尽管它们在物理

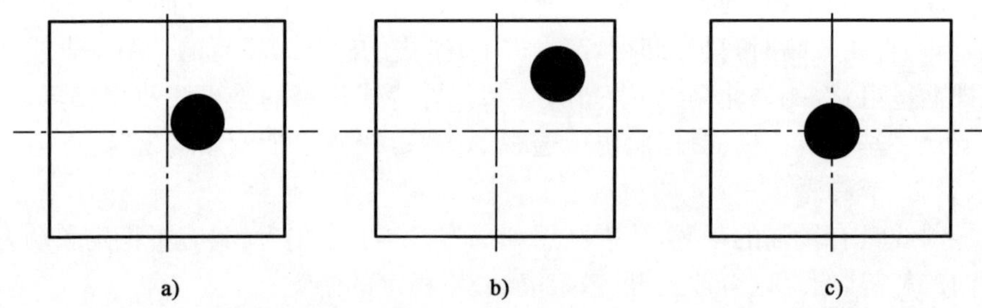

图 4-9　视觉张力

意义上大小相等，同处于一平面上，但由于光线的作用，通过眼睛的观察，便觉得白色的大一些，黑色的小一些；白色的轻些，黑色的重些；白色的在前，黑色的在后。再比如一根倾斜的杆，由于它偏离了垂直和水平方向的平衡位置，在杆和它的平衡位置之间就存在着一种内在的“方向性张力”，使它看上去好像有一种要恢复到其平衡位置的倾向，尽管它被固定于原来的位置上处于一种物理意义上的平衡状态。又如一条曲线，在视觉印象中，总是觉得它是由直线被压缩后变形所形成的，看上去充满着一种要恢复到其直线状态的趋势，蕴藏着向外扩张的反作用倾向[图 4-10b)]。再如椭圆形和长方形，由于它们一方向受到了形变，在另一方向就显示出一种“方向性张力”。而圆形及方形就不一样了，于它们各个方向的倾向相等，在视觉中总是静止的、稳定的[图 4-10c)]。所以，由分析可知，尽管视觉式样本身处于一种物理平衡状态，但通过其本身的形状、色彩、方向、形变等因素的作用，就可以通过由人们的眼睛直接知觉式样本身的某种“方向性张力”，从而处于物理平衡状态的视觉式样在人们心理上就形成不平衡状态，即视觉式样的不平衡或具有某种动态。

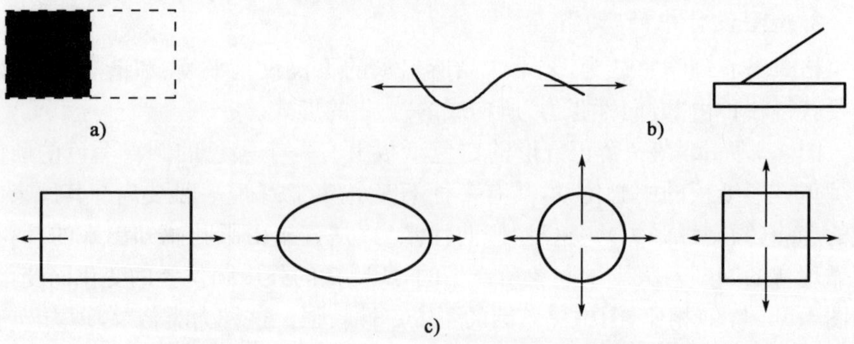

图 4-10　方向性张力

3)桥梁的视点与视点场

桥梁的形态随着观察方向的不同,会呈现各种不同的外形。一般可以通过建立模型来分析研究其形态特征。研究是立足视点与视点场,视点是“观”的出发点,视点场是“观”的范围。根据视点位置的高低可分为仰视、平视和俯视。当桥梁建成之后,也可以通过不同视点与视点场的情况下审视、评估,此时审视的角度可以从多方面分析。

以委内瑞拉马拉开波桥为例,沿着河流正立面看,该桥墩柱及整体结构均比较轻巧;行至桥下斜看(透视)墩柱,侧面墩上的X形支柱用整板来建成,体量上显得笨重(图4-11);俯瞰时,则也觉得结构轻巧。

a)

b)

c)

图4-11　委内瑞拉马拉开波桥

a)正立面;b)透视;c)俯瞰

一般地,将厚重的混凝土墩或柱改为分离的多个斜撑或者牛腿柱等形式,可以取得较为轻巧的效果,图4-12为1973年阿根廷巴拉那河桥就是采用此方案得到较好的效果。

图4-12　阿根廷巴拉那河桥

从桥梁使用效果的角度讲,有动视点和静视点之分。动视点有步行与车行之分。当人们在步行观赏时,往往视线一直注视着桥型、前方及地面,有时也会左右张望,较多地注意近处的细部构造、绿化布置、桥面附属设施、建筑小品以及路面铺设等。当人们在行驶的车辆中观赏时，两侧的景象也以相应的速度向后推移；在车速较慢的情况下，人们有时会左右张望，但在速度加快时，视野就会收缩，人们一般只注意桥梁的大体轮廓，以攫取一个初步的印象，对细部构造、绿化布置、桥面附属设施等则不作过多的考究。

根据水平视角及视距，桥梁可作为远景、中景、近景和可触摸景。在远景情况下，造型设计应注重全桥整体的协调。而在近景尤其是近景斜视点时，由于透视的原因水平线条弱化而竖向线条加强，此时造型设计应侧重单体造型的表现并以竖向线条的强化为主。从空中俯视角度看，大型立交桥一般都有着宏伟的气势和舒展的线形（图 4-13），但从使用者的角度——桥面行车的视点看则难免杂乱之感。就其功能而言，立交桥的主要视点是地面上的行车视点，而非使用频率较少的空间俯视。城市桥梁夜景的视点如图 4-14 所示。

图 4-13　复杂的立交线形

图 4-14　城市桥梁夜景的视点

行驶在立交下穿路上时，视点一般集中在上跨桥的桥墩，如果上跨桥的梁采用不同的涂装来表现，其视点可以集中到梁上（图 4-15）。

图 4-15　立交匝道上跨桥的视点

4.2.2 桥梁结构的力感与动态美

桥梁造型设计中可以通过创造一种非稳定平衡状态的“力”的结构式样，产生动感，这种动感可以通过倾斜、形变和重复等方式获得。

图 4-16　低净空的斜拉形成动感

(1)倾斜

设计师可以通过方向性张力所造成的视觉上的不平衡给人以强烈的动感。图 4-16，即是一个典型的实例，通过斜拉的方向性张力形成动感。但如果桥位环境不同，桥下空间通常比较空阔，则不宜采用类似的结构，如图 4-17 所示，当桥下净空要求高，斜塔下面需要增加竖直的墩柱，这样斜塔可以形成动感，但整个结构由于形成折线，视觉不稳定，力感不顺畅。

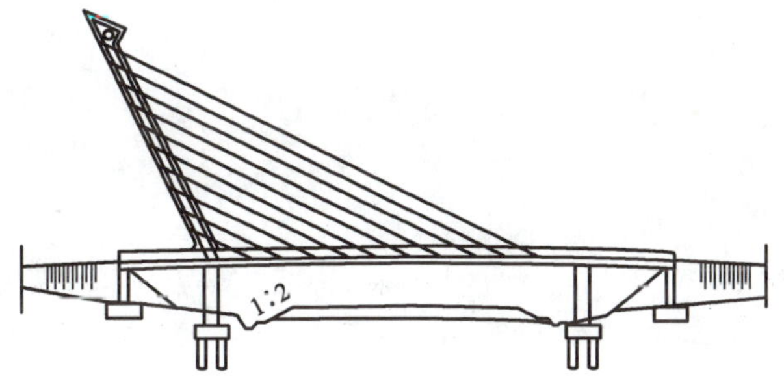

图 4-17　高净空的斜拉折线不稳定感

(2)形变引起的动感

形变是指物体的形状或尺寸偏离了其正常的状态，如弹簧受压或受拉发生形变时，是通过其偏离了原来静止时的位置而表现出来的。由于造型元素本身的形状及尺寸发生改变时而形成的一种反作用的趋势，这就是结构自身的内力，曲线的运用常常是获得某种“内力”最有效的方法。

图 4-18 所示即为斜拉的变形表达的一种“内力”，该桥桥长 160m，设计巧妙，造型精美，风格独特。从远处看，桥身小巧玲珑，通体白色，如穿着白色长裙的窈窕淑女；其结构，由两条简洁的线条组成，一条横跨河的两岸，一条从桥的中央斜射出去，好像一只鸟张开的两个翅膀，或者像一个少女舞蹈时张开的双臂，而这两条线合起来加上桥墩，形状又酷似跳着探戈的女人脚上的高跟鞋。

图 4-18 斜拉形变的"内力"

图 4-19 中弯曲的塔柱似乎受到拉弯形变而产生一种向反方向扩张的趋势。这种趋势所带来的力感则由塔柱向下显著扩大的形式强烈的表现出来。桥塔的形式不仅在视觉上给人以直观和强烈的印象,而且从力学上也是顺应了结构和力内在的平衡,在更深也是更本质的层次上体现了力感。如果去掉右侧的拉索,其形似张拉的弓,更具张力。如果塔柱将薄板改为几个杆件(斜弯及斜腿支撑)则其结构将更加轻盈。

图 4-19 弯曲的塔柱产生反张的趋势(图片摘自陈艾荣《桥梁造型》)

(3)由重复引起的动感

图 4-20 多斜腿刚架拱的变向重复

物体在位移方向上的重复可以演绎为物体的运动或者运动的趋势与方向性的推动力。这种"推动力"可通过变向重复和定向重复获得。多斜腿拱桥,其造型特点主要是由结构构件的变向重复来体现(图 4-20)。拱架的斜腿支撑作为基本的造型元素,通过其倾角和长度的变化形成了一定的斜向的动势和支撑的力感。

在桥梁造型设计中，有时可以通过某造型元素在某一方向的重复出现实现很强的“推动力”，创造出一种连续的韵律美。如图 4-21，以墩为基本造型元素重复出现，可以构建韵律动感。

图 4-21　桥墩造型的定向重复（左图摘自陈艾荣《桥梁造型》）

悬索桥和斜拉桥的动感比其他形式的桥梁要强。其中，对称双塔悬索桥又不如对称双塔斜拉桥的动感强，相对的，单塔悬索桥又比对称双塔斜拉桥的动感强，单塔斜拉桥比单塔悬索桥的动感强。另外，就塔柱而言，倾斜的塔柱更容易体现造型的动感。图 4-22 表现了不同形式悬索桥与斜拉桥造型的动感。图 4-23 为国内一些桥的力与动感实例。

在造型设计中往往存在一些误区。如图 4-24，图中 a）为桥梁色彩反差太大而导致不协调，b）为伪结构装饰过多，不符合桥梁造型设计的基本原则，图中 c）为大面积混凝土与纤细的悬索桥不协调。图 4-25 为主跨与次跨比例的不协调。图 4-26 所示某拱塔斜拉桥在侧视情况下，为数不多的拉索每一根都很明显，既不能体现单索的力感，又不能形成索面的印象，给人以杂乱无章的感觉。

a)

b)

图　4-22

c)　d)　e)　f)

图 4-22　悬索桥与斜拉桥的动感(摘自陈艾荣《桥梁造型》)

a)对称双塔悬索桥;b)对称双塔斜拉桥;c)单塔悬索桥;d)单塔斜拉桥;e)倾塔悬索桥;f)倾塔斜拉桥

图　4-23

图4-23 国内一些桥的力与动感实例

a)

b)

c)

图4-24 桥梁造型上的缺陷(摘自陈艾荣《桥梁造型》)

a)色彩反差;b)伪结构;c)大面积混凝土与纤细的悬索桥

图4-25 桥梁造型上的缺陷(主跨与次跨的不协调)

图 4-26　拉索杂乱无章(左图摘自陈艾荣《桥梁造型》)

4.3 桥梁照明

一般公路不要求对普通桥梁作照明要求，但城市段桥梁及特殊桥梁需要进行照明设计。下面以泗阳大桥和漳州大桥为例介绍桥梁照明设计。

桥梁夜景照明设计利用不同的光源、不同的用光强度、不同用光角度和不同的色彩组合变化，展示大桥的夜色风貌，体现多姿多彩的特色。夜景照明对大桥景观的巨大作用在于，即使在漆黑的夜晚，也可以使主体景观桥美轮美奂。

4.3.1　泗阳大桥

泗阳大桥跨越京杭运河，为由泗阳市中心向泗阳规划新区延伸连接的主干道斜拉索桥，全长约 667m，设有车行、慢行及人行道，主桥宽 28.6m。主桥桥塔由两侧桥墩向上延伸相交，中间横梁连接，整体呈“A”字造型；塔高 84m。桥塔两侧共设 60 根拉索的扇形布置，与桥塔、桥面构成稳定三角。泗阳大桥的主题为“时代之门”，以红色为泗阳大桥的主要色调。

泗阳大桥的夜景照明主要分为两大部分：桥面交通照明与桥梁灯饰夜景照明。

(1)桥面交通照明设计

根据泗阳大桥平面线形和照明要求，设计了两种桥面交通照明系统：路灯照明和引导性的护栏照明。路灯照明为保证交通安全提供基本照明，护栏照明可加强视觉引导性，使驾驶员提前接收前方信息以及桥面约束信息，及时做出反应，保证交通安全。

路灯照明选用 400W 高压钠灯的高杆(高度为 10m)照明方式，护栏照明

灯选用 Φ100LED 光源的点光照明方式。路灯照明器与桥面水平面的倾斜角度<15°，采用双侧对称矩形布置，纵向间距 30m 。这种配置的目的是限制眩光，改善照明均匀度，灯高、间距很好配合，发挥灯具的配光曲线特性，以产生良好的视觉效果和经济效益。

(2)桥梁灯饰夜景照明设计

灯饰夜景照明拟营造泗阳大桥夜景艺术效果，强调斜拉桥的艺术造型及整体气势，展示形与色的世界，体现主题，展现斜拉桥的简洁流畅、轻巧纤细、连续舒展的结构特性，充分发挥照明艺术作用。

全桥以静态照明为主，展现大桥夜晚的一种宁静、深沉。桥塔是大桥的结构主体，能够给人最为直观的感官印象并起着象征和标志作用，在夜景照明中作为主要表现对象。泗阳大桥夜景照明的桥塔部分主要采取面光法投光照射，在桥塔上部、中部、下部安装高功率泛光灯投射桥塔分别照明，主要利用白色金卤灯照亮，体现桥塔原本的色彩与质感。面光手法渲染，大气、空间感强，突出面造型，投射会产生丰富的明暗变化，极适合表现桥塔这种大体量的结构。面光的照射并非把桥塔全部照亮，这样会造成平淡的光环境，而是根据桥塔的美学特征，在恰当部位有选择性地进行照明。这样光环境更加立体，明暗调使桥塔形象更具冲击力。如图 4-27，利用丰富的光影效果体现其特有的结构、颜色、材质等特性，突出高达 84m 的桥塔高耸挺拔的风姿以及“时代之门”的艺术造型。

桥塔内壁使用色彩泛光照明，如同为“时代之门” 加上绚丽光环，使桥塔由内而外大放异彩，强调门的概念，让人有迫不及待从桥下穿越的想法。内壁投光颜色可在不同季节做出相应色彩变化，营造不同色调的光氛围。冬季使用波长较长的黄色带来暖和感，夏季使用波长较短的紫红色带来凉爽感。

图 4-27　桥塔照明效果图

桥索选用面光法，在拉索的基座外侧安置泛光灯，顺着拉索方向逐根照明。泛光灯支架间距就是拉索间距。这种光影速写，勾勒出桥索线条，富有艺术感，在夜空中呈现出梦幻般的轻薄、透明如纱的景观效果。

两侧箱梁排置六段外控数码管。箱梁灯带每段LED按照蓝、紫、红、黄的色彩排列顺序进行交替变化。由左至右颜色按照该色彩顺序依次岔开，每颗LED灯每0.1s变化为其左边一颗LED灯的颜色，使灯带形成以六种颜色追逐的方式快速向右推进的视觉效果。多彩动态效果渲染出一幅奇幻多彩的夜景画面，突出泗阳城市的活力多彩，以及泗阳城市在历史长河中不断变迁不断发展的神奇景象。

墩照明在整个大桥照明中应是相对弱化的一环，但由于泗阳大桥在桥墩部位做了浮雕等景观方案，在夜晚，对该部分进行照亮，主要使用泛光投射照亮，使用白色金卤灯还原景观本色。在泛光面光照射之外，利用扁灯带进行轮廓勾勒，如同相框一般使桥下浮雕、手绘墙得以装裱。扁灯带选用蓝色，与梁下的黄色扁灯带又形成补色。各种点光线光交相辉映，使大桥璀璨夺目。

整个大桥灯饰照明充分考虑了其对道路交通安全的影响。照明灯具分布在适当的位置，尽量避免行车过程中的直视，选择舒适的亮度，防止眩光。图4-28为大桥夜景照明方案效果图。

图4-28 夜景照明方案效果图

4.3.2 漳州战备大桥照明

漳州战备大桥是一座单索面的三跨预应力混凝土部分斜拉桥，连接漳州九龙江两岸，位于国道324线上。主桥采用主跨132.0m部分斜拉桥、两个边跨各80m，引桥采用跨度32.0m的连续梁（南北引桥分别为6×32m及5×32m连续梁），桥面宽27m。桥两头有景点八卦楼、水利广场等，桥下奔流的是福建省第二大河流九龙江。

(1)桥塔夜景设计

漳州战备大桥桥塔较矮,桥塔的夜景照明须着重于强调和凸显桥塔的挺直,设计在桥面上桥塔四周安装 400W 投光灯投射塔体,光源采用白色金卤灯,白色光均匀的照射桥塔使塔体变得晶莹剔透,展现了桥塔外观的峻美。同时在桥塔东西立面中部凹槽处安装蓝色通体发光的光导纤维,使桥塔装饰性细部得到很好的强调和体现。

桥塔夜景照明供电分别来自大桥两头所设箱式变电站,电缆沿桥梁人行道和中央分隔带下预埋管敷设。桥塔夜景照明共计采用 400W 投光灯 12 套,ϕ18 光纤约 180m,负荷约为 6.2kW,桥塔平均照度约为 100lx。

(2)斜拉索夜景设计

对于拉索,如采用点光法,用灯串形式来诱导视线,加强流动感和连续感,灯具安装在拉索上会破坏拉索,具有明显的缺陷;如采用线光法,沿拉索排置连续灯带,形成光轮廓,勾画出拉索的空间形态,给人以明确的空间印象,但荧光灯管和霓虹灯抗震性能差,拉索上不停晃动的环境会大大缩短光源寿命;镁钠灯耐老化性差,安装在拉索上经受日晒雨淋,大概只有一年的寿命;光纤的抗震性能和寿命都不成问题,但是要达到足够表现主缆这一重要目标的亮度,投资较大。最终,采用面光法,在两根拉索基座中间外侧安装投光灯支架进行面打光。

拉索夜景照明供电也分别来自大桥两头所设箱式变电站,电缆沿桥梁中分带下预埋管敷设。投光灯支架基本间距为 4m,光源采用 400W 或 250W 金卤灯,其中 400W 投光灯共计 40 套,250W 投光灯共计 56 套,负荷约为 36kW。灯架基础避免碰到每根拉索基座,同时灯架上灯具做充分的防眩光处理,以免对行人和行车造成不便影响。

(3)箱梁夜景设计

漳州战备大桥上部采用钢模制作混凝土箱梁桥结构。箱梁的夜景采用和桥塔一致的 150W 白色金卤灯对箱梁侧面的曲线进行泛光照明,设计平均照度 100lx 左右。箱梁夜景照明分为主桥和引桥两部分,灯具安装于箱梁翼缘下用膨胀螺栓固定,间距为 5m,共计使用 150W 投光灯 260 套,负荷约为 46.8kW。但每的路灯灯杆间隔 30m。使用的投光灯和光纤其具体技术要求为:投光灯防护等级 IP55 以上,电气绝缘 I 级,灯具发光效率为 95%,PC 罩、铸铝灯体,400W、250W 或 150W 金卤灯,进口纯铝、镜面抛光反光罩,灯具功率因数≥0.85,电压等级为 220V,密封垫耐高温,灯具寿命约 10 年;光纤采用 ϕ18 外径通体发光型光纤,配 150W 自联机光源器,自联机光源发生器为室外防水型,光源通过色轮控制发出蓝光,寿命约 10 年。

(4)桥面交通照明系统

漳州战备大桥桥面交通照明设计指标如下:路面平均照度要求 25lx 左右,路面亮度不低于 1cd/m^2,照明总体均匀度≥0.5,眩光指数 G≥6。漳州战备大桥道路照明灯具采用 250W 高压钠灯,灯杆高度为 8.8m,悬臂 1.5m。灯杆造型简洁,为锥体杆,杆高 8.8m。灯具配 250W 高压钠灯光源;灯具防护等级不小于 IP55,电气性能 2 级(双绝缘);灯具功率因数≥0.9,电压等级为 220V;灯体采用压铸铝,配高纯铝反射罩;低眩光,灯具维护系数 0.8,灯具效率≥0.8。

漳州战备大桥为车道双向四车道,双侧对称布灯形式,灯具采用半截光型,灯杆纵向间距为 30m(图 4-29)。

图 4-29 夜景效果(图片摘自漳州新闻网、百度网)

4.4 桥梁色彩

本节以润扬大桥、泗阳大桥及相关高速公路上跨桥为例,介绍色彩涂装设计。

4.4.1 桥梁色彩的作用

(1)桥梁色彩的作用

桥梁色彩具有三个方面的特殊作用:一是彩色较单色更能吸引人的注意力,鲜明的色彩在瞬间出现时能即刻引起注意,起着显著的刺激作用;二是彩色画面较之黑白画面更能加强桥梁的颜色、质感、量感,并通过色彩感受引发公众的视觉心理;三是色彩对桥梁的象征作用,通过桥梁独特倾向的色彩语言,使人们更易辨识和产生亲切感。

人对色彩的感觉是一个复杂而微妙的心理、生理过程。色彩进入眼帘,能引起人们多样的感情和心理效应。如在情感上产生寒暖感、轻重感、软硬感和强弱感;在心理上产生明快与忧郁、兴奋与恬静等效应。这是因为光线是由一系列频率、振幅不同的流动波所组成的,所有的色彩都能通过一系列波的振动,在人体内引起生物微电波的共鸣,从而影响情绪和精神状态。色彩的直接心理效应来自色彩的物理光刺激对人的生理发生的直接影响。研究显示,某些颜色确实能够引起一些生理上的反应。例如,红色就是一种非常刺激的颜色,往往会令人心跳加快、呼吸急促,除了具有较佳的明视效果之外,更被用来传达有活力,积极,热诚,温暖,前进等涵义的形象与精神。所以,红色非常适合用在需要引起注意和强调的时候。

对于颜色的印象,大致由冷暖两个色系产生。波长长的红光和橙、黄色光,本身有暖和感,以此光照射到任何物体上都会有暖和感。相反,波长短的紫色光、蓝色光、绿色光,有寒冷的感觉。冷色与暖色除去给我们温度上的不同感觉以外,还会带来其他的一些感受,例如,重量感、湿度感等。暖色偏重,冷色偏轻;暖色有密度强的感觉,冷色有稀薄的感觉;两者相比较,冷色的透明感更强,暖色则透明感较弱;冷色显得湿润,暖色显得干燥;暖色有前进感,冷色有后退感。

除了感官反应与辨识调和色彩外,人类内在对色彩的反应还有更深层的一面。色彩能引发强烈的生理、心理共鸣,不管是正面或负面。色彩所象征的意义有时候跟大自然中的事物有关,有时可与民族文化关联。

桥梁色彩设计是在完成桥体造型的基础上,研究桥梁形态与色彩的协调关系。从已定的桥梁形态出发,参考色的感受、色的事物联想和抽象联想以及色的诱导性进行色彩调节,力求使桥与环境以及桥体各部分间取得协调,达到较好的视觉效果。

良好的桥梁色彩设计,可以渲染烘托桥梁的整体美,进一步展示桥梁的形态美与功能美,保护桥梁主体结构,并可以利用色彩效果,增加行车安全性,舒缓驾驶者的视觉疲劳。桥梁的色彩设计应着重考虑以下几个方面:

①色彩的知觉:色彩的诱目性、色彩的认识性、色彩的进退、色彩的膨胀与收缩等。

②色彩的表情:色彩给人以不同的感受使之产生一定表情,桥梁色彩设计中应注意重量感、冷暖感、明暗感、疲劳感等。

③色彩的感受:不同的地区及不同的文化对色彩的理解和认识上存在着一定的差异,桥梁色彩设计中应注意人们对色彩的感受和趋向。

④色彩的联想:人们常把色彩与事物加以联想,在感情上引起共鸣,桥梁

色彩设计应该引导人们联想起积极的事物，从而展示大桥的美感。

(2)桥梁色彩与造型设计的关系

桥梁造型除了自身的结构形态外，桥梁的色彩与材质也是影响造型美观的重要因素。

桥梁造型设计时，色彩不仅要考虑结构本身，而且还要考虑与周围环境和谐统一。色彩和谐的原则是指色彩中既对比又调和的统一关系，即在色彩组合中，将不同的色彩与相似的色彩有机地统一在一起，创造出和谐的色彩。一般，色彩不宜超过三个基本色相，可把主导色的色相设置得面积最大，彩度最低；辅导色为其次的面积，彩度较高的色相；而重点色则是面积最小，彩度最强；对比色只宜用在小的部位上，大面积淡、小面积浓，使其在一般基调中突出出来。主体色应力求淡雅，淡雅可获得明朗的效果。

桥梁色彩，最重要的是主体色相的选择。从与周围环境色彩协调原则出发选择桥梁主体色相，并考虑环境色彩对桥梁的影响。桥梁的环境色取决于它在其环境中突出到什么程度，是融合于环境之中，还是突出于公众注目之下，或者使其与环境共处于朴实无华的同等地位。

色彩可突出和加强造型，使桥梁造型更加完善。一般地，可运用加强手段，用色彩加强桥梁造型的体积效果，如人行桥的饰边用暖色，内梁用冷色；造型单调时，运用丰富手段，简单、淡雅用小面积的色块作对比来避免总体的单调，以色彩丰富造型，适当用不同形状的色块改善造型效果，使之增加欣赏趣味；造型复杂时，运用归纳手段，用色彩将复杂形体概括为整体性很强的单纯色彩关系，以收到单纯、明快、大方的效果；此外可以运用划分手段，用色彩划分的方式，减轻造型的笨重感；运用陪衬手段，以色彩烘托、陪衬和加强主体形象，使形象主次分明；运用亮化手段，调节桥下的沉闷感，在桥底面或桥墩处，以明朗而反射率高的色彩为宜，如在跨线桥梁底涂以明亮的色彩。

一般桥梁建筑材料的材质与色彩密切关系。一垛石墙与混凝土墙面的视觉效果相比，前者自然而富有生气，后者灰暗沉闷。在许多场合下，桥梁结构大量使用钢材和混凝土，色泽灰暗单一，再加上施工痕迹，看上去粗糙、简陋，为此，适当的表面处理是必要的。采用具有地方特色的材料，运用材料的自然美和材料的对比效果，以取得造型的朴素和自然美。桥梁饰板、梁和细柱适宜用光面，桥梁墩台宜用粗糙的表面；桥梁材质要考虑自然条件的影响，同时还要与结构需要相结合。一般来讲，人在 25m 以内视觉效果最好，可看清材质和纹样。要从实际出发，表面质感处理效果的程度要由观者可能到达的视距来定；人行道铺装要考虑当地气候和当地环境，选择合适的色彩、质感和尺度。

4.4.2 润扬长江公路大桥桥梁色彩设计

润扬长江公路大桥是江苏省“四纵四横四联”公路骨架和五处跨越长江公路通道规划的重要组成部分，由跨江大桥和南、北接线以及南接线延伸段组成，全长 35.66km，自北向南有北引桥、北汊桥、世业洲引桥、南汊桥、南引桥等跨江主桥长 4 700m，其中北汊桥采用主跨 406m 双塔双索钢箱梁斜拉桥，南汊桥采用主跨 1 490m 单孔双铰悬索桥，跨径居世界第三、中国第一(图 4-30)。大桥采用双向六车道高速公路标准，设计通行能力约为 10veh/d 小客车。大桥主要由高架桥、斜拉桥、悬索桥和锚碇构成，其主要元素有：桥塔、桥面(钢箱梁、混凝土箱梁)、吊杆、斜拉索、悬索；锚碇、高架斜拉板。

图 4-30　润扬长江公路大桥全貌

(1)桥梁色彩设计要素与要求

大桥色彩设计的目的主要是突出大桥的雄伟气势，建设大桥景观，展现无比雄壮的姿态和力学的空间美感。通过运用色彩将大桥主要部分联系以避免两座主桥在形态上的孤立。

从游人的角度看，驾乘人员过桥时可以看到塔、吊杆、斜拉索、高架桥拉板；观桥者在桥区周围和长江上可以看到塔、吊杆、斜拉索、主缆、高架桥拉板、锚碇、钢箱梁、混凝土箱梁；从几个最佳视觉角度捕捉到大桥“空中巨人”雄姿。视角不同，游人视觉和心理的感受也不同。

根据大桥所处的地理位置和周边环境以及环境对色彩的影响和色彩对环境的影响，使用色彩对桥进行修饰，使其更加雄壮，更加艺术化和抽象化，这样设计时考虑到：

①突出大桥的功能性，在形式上，尽量简化装饰。

②色彩方案的选择强化大桥为大型构件的特点。

③大桥方案的设计力求简单而具有冲击力,以避免复杂化。

④合理的色彩搭配强化桥体美感。

⑤多色调的照明方案,为人们留下即时印象。

⑥日间视觉效果的强烈色彩,夜间视觉效果的明亮色彩。

⑦大桥索塔用明亮色彩勾勒出横梁,突出悬索桥塔的高大。

⑧钢体防护栏的灯杆和护栏进行修饰。

⑨着色的悬索桥的吊杆,与夜间灯光勾勒出的桥体形象保持一致。

⑩对于斜拉桥拉索,不仅在夜间用灯光将其勾勒出来,还应在白天运用色彩将其描绘出来。

⑪从混凝土引桥到悬索桥,再到穿越世业洲的高架桥,然后至斜拉桥,最后到达混凝土引桥,随着大桥型材及建筑的变化,大桥桥面运用的色彩应使大桥整体看起来修长而延绵不断。

⑫大桥底部刷上银色和木炭色相间条纹的色彩,使其看起来显得更细长。

⑬高架桥索塔刷上深色,使其看起来更朦胧,这样桥面仿佛浮于江面之上。

(2)桥梁色彩的选择

润扬大桥由斜拉桥和悬索桥组成,当时斜拉桥跨径居世界第三、中国第一,设计者希望人们在看到大桥时能对大桥的雄姿产生注意,赞叹大桥的雄伟,暖色调应该是最合适的。由于大桥是由斜拉桥和悬索桥组成的,不宜用同一种色彩来表达,为了创造一种独特的效果,给人们不同的视觉感受和不同的心理感应,用两种不同的色彩来表达,这就存在色彩搭配的问题。色彩的搭配有两大方式:调和、对比。调和即近似色的搭配,可产生某种朦胧、柔和、高度统一的效果。对比的手法分为色彩深浅的对比和不同色彩的对比。通过较为强烈的对比可以达到突显个性、营造鲜活、明快空间的效果。经分析认为,对比方式的运用比较适合该桥,悬索桥桥塔用金色,斜拉桥桥塔用浓烈的胭脂色。浓烈的胭脂色代表喜气,吉祥如意,金色代表富贵,二者均是强烈的色彩,符合中国文化特征,从视觉感受和心理接受方面,都是最容易被中国人所接受的(图4-31)。

为满足夜晚照明的效果,在主缆悬索上采用冷色系的银铝色,使悬索更加抽象化。斜拉桥的设计与桥塔一样。对斜拉索进行着色,使之在夜晚形成三角形的图案,呈现无穷的色彩变化;在桥的拱腹上进行着色,以强调大桥的横跨。横跨上,通过木炭色和银灰色的间隔条纹来强调距离感,该色调会使拱腹产生一种抽象的效果,给人留下深刻的印象。

a)　　　　　　　　b)

图4-31　润扬长江公路大桥色彩
a)斜拉桥色彩；b)悬索桥色彩

4.4.3　泗阳大桥色彩设计

泗阳大桥为斜拉索桥，全长约667m，主桥桥塔由两侧桥墩向上延伸相交，中间横梁连接，整体呈"A"字造型。塔高84m。桥塔两侧共设60根扇形布置的拉索，与桥塔、桥面构成稳定三角。泗阳大桥的主题为"时代之门"，在主题确定的情况下，需确定其整体主色调。

(1)主色方案的比选

泗阳大桥的主色彩做了白色、橙色、灰色、红色等多套方案图4-32。大面积的白色虽自然、素雅却不符合泗阳当地的传统审美习惯；橙色虽新意十足、活力朝气，但太过炫目，不好控制；灰色虽极具品格、代表永恒，可是色彩过于暗淡、缺乏新气。经过一系列的比选，最终确定以红色为泗阳大桥的主要色调。

从主题上讲，泗阳大桥被定义为"时代之门"，具有变革、迈进的含义。红色代表了革新、满怀热情的奋进，这两者所表达的意义恰恰达成一致。从文化层面上讲，红色本身是符合中华民族的传统审美观，更象征中华人民的民族品格。红色无论从视觉还是心理，都是最容易被中国人所接受的，它给泗阳大桥披上了经典的色彩。红色与门字形桥塔的配搭使其可以产生众多的扩展意义，让人联想到鱼跃龙门、中华传统柱等吉祥画面。从色彩心理上讲，红色就是能够刺激感官的颜色，除了具有较佳的明视效果之外，更被用来传达有活力，积极，热诚，温暖，前进等涵义的形象与精神，在大桥上使用，可达到缓解疲劳、提神醒目、使人心情愉快的效果。此外，红色非常适合用在需要引起注意

图 4-32　大桥主色方案比选

和强调的时候，大面积的红色会显出大方、得体的特质。红色的运用很好的起到一种树立城市形象的作用。

从上述种种方面看来，红色作为大桥的主色调是极为合适的，它很好的迎合了主题，展现了文化，升华了意义，满足了需求，诠释了形象。选择作为泗阳大桥的主色调，相当的贴切。

然而，红色也有多种，不同的饱和度、亮度调和出的红所达到的效果是不尽相同的。太过饱和、明亮的红色会过于刺激人的神经，令人心跳加快、呼吸急促，效果反而不好。泗阳大桥选用的红色是从传统建筑中提取的中国红，亮丽且端庄、稳重、不刺眼，在满足景观效果的同时保证行车安全。

(2)辅色方案的比选

在大桥主色确定后，又对其辅色、细节配色、材料等做了一系列比选。为了突出大桥红色的纯粹，使颜色不乱，大桥的其他辅色均选用灰白为主的素色。如图 4-33 所示，起初，将桥塔整体统一使用红色，梁身、桥索使用灰色。这种方案强调了泗阳大桥桥塔的“A”字造型，但大桥整个色彩上下有些脱节、颜色的重心靠上使人产生不稳定的感觉。后又将梁身、护栏也选用红色，这样出来的效果相比上一种方案，视觉整体看上去比较稳定，大桥浑然一体。但大桥结构体现缺少主次，色彩层次拉不开。最终为避免这两者的弊端，决定选用红色的桥塔搭配亮灰色桥塔横梁，梁身选用灰色，桥索选用白色。这样的做法即拉开了大桥结构上的主次关系，桥塔上部的亮灰色与下部梁身有了呼应，保证了整体色彩的平衡。

图 4-33　大桥辅色方案比选

(3)选定的色彩方案

桥塔横梁部分高明度的灰色，给人更为通透的视觉感受。保证结构的完整的同时，使拱门看上去不堵，更强化门的概念。塔柱下部基座同样使用相同的灰色，搭配灰色基座的桥塔塔柱，神似中华传统立柱，象征强烈的民族品格。红色桥塔中加入小面积的灰，其整体性格也会从奔放、火热转化为一种有分寸感的热情、温暖。灰色使用高明度的灰，类似于珍珠的颜色。这种颜色接近白色，但不会像白色那样与红色的形成过于强烈的对比反差，显得更为从容。灰色如同镶嵌在桥塔中的明珠，彰显吉祥华贵。梁部题字使用深灰色(图 4-34)。

桥索使用白色的搭配，色彩上的弱化都是对桥塔的衬托，另外也是与桥塔中亮灰色的呼应。深灰色的护栏对于青灰色的梁身是一种颜色上的强调，这增强了大桥的线条感(图 4-35)。

图 4-34　桥上色彩涂装效果图

图 4-35　大桥整体色彩涂装效果图

4.4.4　高速公路上跨桥梁色彩

许多省区的高速公路多对上跨桥进行了色彩涂装，多为浅色调。有些省采用了深色调，但由于长期风吹日晒，也逐渐褪色为浅色调。所以，高速公路的色彩涂装宜采用浅色调。变换多样的色彩调节了行车的美感，构建了一定的美学空间(图 4-36～图 4-40)。

图 4-36　浅色调的上跨桥涂装与周围环境的适应性

但是，高速公路上跨桥有时往往被用作广告的宽幅标语，这里仅仅表达作者的意图，即尽量不过多刺激感官，减少对驾驶人的视觉冲击，这样对行车安全有利。要把握色彩的搭配调和，对比不宜太强烈，色彩不宜太鲜艳，同时还要突显个性，营造鲜活、明快的空间效果(图 4-41)。

图4-37　浅色调的上跨桥涂装淡化视点利于行车安全

图4-38　浅色调的上跨桥涂装融于环境之中

图4-39　上跨桥涂装色彩调和与墩斜纹黑黄涂装突出安全视点

图4-40　上跨桥涂装色彩调和突出安全视点(墩黑黄涂装)

图 4-41　上跨桥色彩对比强烈

4.5　桥梁栏杆

关于桥梁栏杆在满足其防撞等基本功能的基础上一般还要考虑其外形、图案及色彩等设计。本节以图片的形式介绍桥梁栏杆的巧妙装饰对桥梁建筑美学的作用。

图 4-42 为高速公路城市段人行天桥的栏杆结构与装饰，巧妙的间断式墙式栏杆既增强了人行的安全性和空间透视性，同时增添了工程艺术的表现力。

图 4-42　上跨桥栏杆结构

图 4-43 为高速公路城市段人行天桥的栏杆结构与装饰，古典式的灯柱与墙式栏杆和铁栅栏相结合，墙式栏杆表面可以通过纹饰或图案传达文化信息。

图 4-44 为高速公路车行天桥的栏杆结构与装饰，梯形薄板的栏杆柱与钢管栏杆相连，梁体部分采用相应的纹饰进行美化，整个栏杆与薄壁墩柱相协调，是一种较常见的高速公路栏杆。

墙式栏杆一般给人以封闭感，但如果做成倾斜的则同样可以实现开敞化的建筑空间，如图 4-45 所示，当然如果采用透明的墙体材料，还能提供通视条件。

图 4-43　上跨桥栏杆结构与装饰

图 4-44　上跨桥栏杆结构与装饰

图 4-45　倾斜的墙式栏杆

当然，随着环境的不同桥梁可以采用不同形式的栏杆，传递不同的文化、信息或艺术特征，图 4-46 为一些栏杆的示意。随着科技的进步，桥梁栏杆已

图　4-46

图 4-46　多样的栏杆示意

经由传统的混凝土结构、铁艺等发展到复合材料，其特有的表面特征配以相应的色彩也是一种新的景观。

第 5 章　公路隧道建筑

公路隧道是公路建筑群的重要组成部分，公路隧道建筑尤其是洞门建筑，一直遵循着将结构与艺术的统一，坚持结构与环境的协同。

公路隧道建筑，笔者理解应建立在系统的公路建筑学理论体系上，在满足基本功能（通车、通风、应急等等）的前提下，从公路建筑心理学、建筑空间、光学与色彩、建筑环境等方面入手，追求结构与艺术、心理、环境的统一、协调。

本章重点介绍公路隧道的功能、组成与分类，隧道几何（包括线形及断面几何）设计，以及隧道洞门、内装、照明设计要点与实例等等，关于隧道结构设计、衬砌、通风及机电、监控、防排水设计等等详见相关设计手册、规范或专著。

5.1　公路隧道的功能、组成与分类

隧道在山岭地区可用于克服地形或高程障碍，改善线形，提高车速，缩短里程，节约燃料，节省时间，减少对山体植被的破坏，保护生态环境，还可用于克服落石、坍方、雪崩、雪堆等危害。在城市可减少用地，构成立体交叉，解决交叉路口的拥挤阻塞，疏导交通。在江河、海峡、港湾地区，可不影响水路通航。修建隧道既能保证路线平顺、行车安全、提高舒适性和节省运费，又能增加隐蔽性、提高防护能力并不受气候影响。

隧道是地下工程建筑物，为保持坑道岩体的稳定，保证行车安全，通常需要修筑主体建筑物和附属建筑物。前者包括洞身衬砌和洞门，后者包括通风、照明、防排水、安全及监控设施等。洞身衬砌的作用是承受围岩压力、结构自重及其他荷载，防止围岩风化、崩塌和洞内的防水、防潮等功能。洞门的主要作用是防止洞口坍方落石、保持仰坡和边坡的稳定。附属构造物是主体构造物以外的其他建筑物，是为了运营管理、维修养护、给水排水、供蓄发电、通风、照明、通信、安全等而修建的构造物。

隧道一般可分为两大类：一类是修建在岩层中的，称为岩石隧道；一类是修建在土层中的，称为土质隧道。公路隧道按长度分为 4 类，见表 5-1。

公路隧道长度分类 表 5-1

分 类	特长隧道	长 隧 道	中 隧 道	短 隧 道
长度(m)	$L>3\,000$	$3\,000\geqslant L>1\,000$	$1\,000\geqslant L>500$	$L\leqslant 500$

注:隧道长度系指两端洞门墙墙面与路面的交线同路线中线交点间的距离。

5.2 公路隧道的几何参数与设计

5.2.1 公路隧道的净空断面

隧道净空是指隧道衬砌的内轮廓线所包围的空间,包括公路建筑限界之外,还包括通风管道、照明设备、防灾设备、监控设备、运行管理设备等附属设施所需要的足够的空间,以及富裕量和施工允许误差等,见图 5-1。

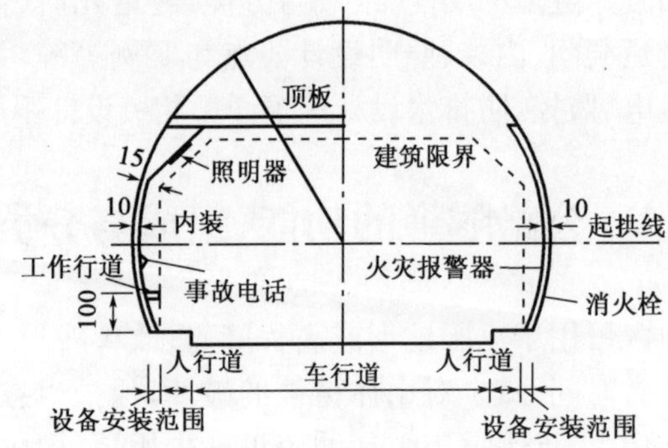

图 5-1 公路隧道横断面(单位:cm)

各级公路隧道建筑限界如图 5-2 所示,各级公路隧道建筑限界基本宽度见表 5-2。关于隧道建筑限界的详细要求见《公路隧道设计规范》(JTG D70—2004)。

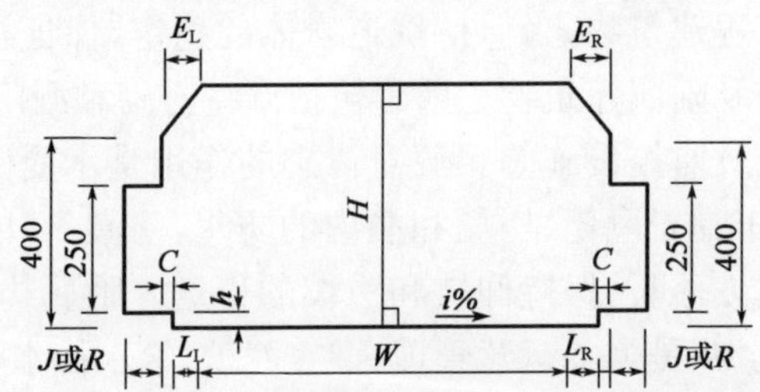

图 5-2 各级公路隧道建筑限界(单位:cm)

H-建筑限界高度;W-行车道宽度;L_L-左侧向宽度;L_R-右侧向宽度;C-余宽;J-检修道宽度;R-人行道宽度;h-检修道或人行道的高度;E_L-建筑限界左顶角宽度,$E_L=L_L$;E_R-建筑限界右顶角宽度,当 $L_R\leqslant 1$m 时,$E_R=L_H$,当 $L_R>1$m 时,$E_R=1$m

各级公路隧道建筑限界基本宽度(单位:m)　　　　表 5-2

公路等级	设计速度(km/h)	车道宽度 W	侧向宽度 L		余宽 C	人行道 R	检修道 J		隧道建筑限界净宽		
			左侧 L_L	右侧 L_R			左侧	右侧	设检修道	设人行道	不设检修道、人行道
高速公路 一级公路	120	3.75×2	0.75	1.25			0.75	0.75	11.00		
	100	3.75×2	0.50	1.00			0.75	0.75	10.50		
	80	3.75×2	0.50	0.75			0.75	0.75	10.25		
	60	3.50×2	0.50	0.75			0.75	0.75	9.75		
二级公路 三级公路 四级公路	80	3.75×2	0.75	0.75		1.00				11.00	
	60	3.50×2	0.50	0.50		1.00				10.00	
	40	3.50×2	0.25	0.25		0.75				9.00	
	30	3.50×2	0.25	0.25	0.25						7.50
	20	3.00×2	0.25	0.25	0.25						7.00

注:1. 三车道隧道除增加车道数外,其他宽度同表;增加车道的宽度不得小于 3.5m。

2. 连拱隧道的左侧可不设检修道或人行道,但应设 50cm(120km/h 与 100km/h 时)或 25cm(80km/h 与 60km/h 时)的余宽。

3. 设计速度 120km/h 时,两侧检修道宽度均不宜小于 1.0m;设计速度 100km/h 时,右侧检修道宽度不宜小于 1.0m。

紧急停车带是为故障车辆离开干道进行避让,以免发生交通事故,引起混乱,影响通行能力的专供紧急停车使用的停车位置。尤其在长大隧道中,故障车必须尽快离开干道,否则必然引起阻塞,甚至导致交通事故。紧急停车带的间隔,主要根据故障车的可能滑行距离和人力可能推动距离确定。在隧道内一般可取 500~800m。汽车专用隧道可取 500m,隧道长度大于 600m 时即应在中间设置 1 处。混合交通隧道可取 800m,隧道长度太于 900m 时即应在中在中间设置 1 处。紧急停车带的有效长度,应满足停放车辆进入所需长度。为使车辆能在发生火灾时避难和退避还应根据需要设置方向转换场(图 5-3)。

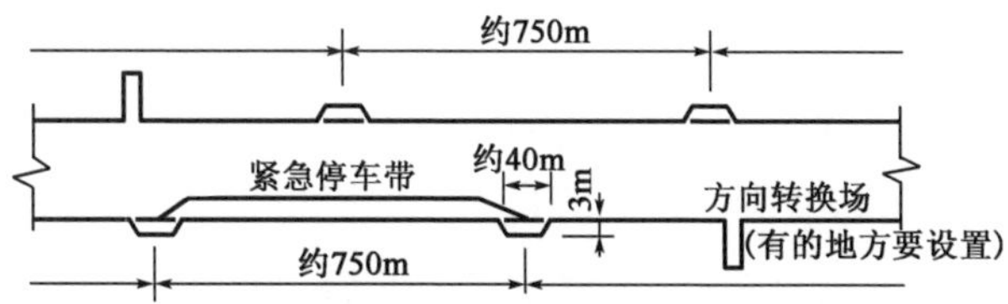

图 5-3　紧急停车带及方向转换场的设置

5.2.2 公路隧道的几何设计

(1)隧道平面线形

隧道的平面线形设计按《公路工程技术标准》(JTG B01—2003)规定执行,但应照顾到隧道的特点。在拟定路线设计方案中,应论证采用隧道或深挖等不同方案给生态环境带来的影响。对生态环境脆弱的地带或可能因施工造成生态环境难以恢复的地段,应优先选择对环境影响小的方案,并辅以治理措施。

隧道的平面线形原则上采用直线,避免曲线,原因如下:

①如必须设置曲线时,其半径不宜小于不设超高的平面曲线半径,并应符合视距的要求。其如果采用小半径曲线,会产生视距问题;为确保视距,势必要加宽断面,这样相应地要增加工程费用;断面加宽后施工也变得困难,断面不统一,以及它们的相互过渡都给施工增加了难度。设置超高时,也会导致断面的加宽;在隧道内一般是禁止超车的,所以只能采用停车视距,根据停车视距可以换算出设置曲线时的不加宽的最小平曲线半径。

图 5-4 隧道内曲线的布设应兼顾视觉与心理

②曲线隧道即使不加宽,在测量、衬砌、内装、吊顶等工作上也会变得复杂。

③曲线隧道增加了通风阻抗,对自然通风很不利。

④曲线隧道应兼顾驾驶员的心理影响及适应性(图 5-4)。

不过,是否放入曲线,应该根据隧道洞口部分的地形地质条件及引道的线形等进行综合考虑决定。由隧道及前后引道组成的路段应做到线形平顺、连续、行车安全舒适,并与环境景观协调一致。如果长大隧道需要利用竖井、斜井通风时,在线形上应考虑便于其设置。

单向行驶的长隧道,如果在出口一侧放入大半径曲线,面向驾驶者的出口墙壁亮度是逐渐增加的。尤其是当出口处阳光可以直接射入,以及洞门面向大海等亮度高的场合,有利于驾驶者的“亮适应”。此时曲线反而是设计时所希望的。

(2)纵断线形

隧道的纵坡以不妨碍排水的缓坡为宜。隧道内一般控制最大纵坡,原因如下：

①隧道纵坡过大，不利于汽车的行驶、施工及养护管理。从施工出渣和运进材料土看，大于 2%的坡度是不利的。

②汽车排出的有害物质随纵坡的增大而急剧增多。超过 2%时有害物质的排出量迅速增加。一般把纵坡保持在 2%以下比较好，不宜大于 3%。对于单向通行的隧道，设计成下坡对通风非常有利。不存在通风问题的隧道，可以按普通道路设置纵坡。

③自然通风的隧道，因为两端洞口高差是决定自然通风效果的重要因素之一，所以坡度和断面都应适当加大。

《公路工程技术标准》规定：隧道内的纵坡应小于 3%，但短于 100m 的隧道不受此限，高速公路、一级公路的中短隧道当条件受限制时经技术经济论证后最大纵坡可适当加大但不宜大于 4%。

从施工中和竣工后的排水需要上考虑，在隧道内不应采用平坡。在施工时，为了使隧道涌水和施工用水能在坑道内的施工排水侧沟中流出，需要 0.3%的坡度。如果预计涌水量相当大，则需采用 0.5%的坡度。竣工后的排水，包括涌水、漏水、清洗隧道用水、消防用水等。

隧道纵坡变更处应根据视距要求设置竖曲线，其半径和竖曲线的最小长度应符合《公路工程技术标准》的规定。为了提高视线的诱导作用，在隧道中应考虑选择较大的竖曲线长度。

(3)洞门位置选择

隧道选址必须对该区域的自然地理、场地与生态环境、工程地质、水文地质、地震等进行勘察，取得完整勘察基础资料、经技术经济论证后确定。洞口应当考虑避开滑坡、崩塌、泥石流等不良地质地段。确定洞门位置时，对边、仰坡的稳定性应着重考虑，以免造成难以整治的病害、危及施工和运营安全。

洞门一般应设在山体稳定，地质条件好、排水有利的地方。隧道应坚持“早进洞晚出洞”原则，尽量避免过度挖掘，破坏山体稳定。

洞门不应设在沟谷低洼处和汇水沟处，如图 5-5 中的 A 线。沟谷地势狭窄，施工条件差，防洪困难，工程地质条件也较差，还常常有断层、滑坡、沉积层等不良地质现象，地下水也较丰富，对施工及运营养护管理都不利。所以最好移到沟谷一侧有足够宽度的山嘴处，如图 5-5 中的 B 线。

隧道穿过悬崖陡壁时，要注意岩壁的稳定性，不宜扰动原坡面和破坏地表植被及暴露风化破碎岩层。如果岩壁稳定，无崩塌或落石可能时，可以考虑贴壁进洞，见图 5-6。否则应接长明洞，将洞门延伸至危险范围以外 3～5m，如图 5-7。

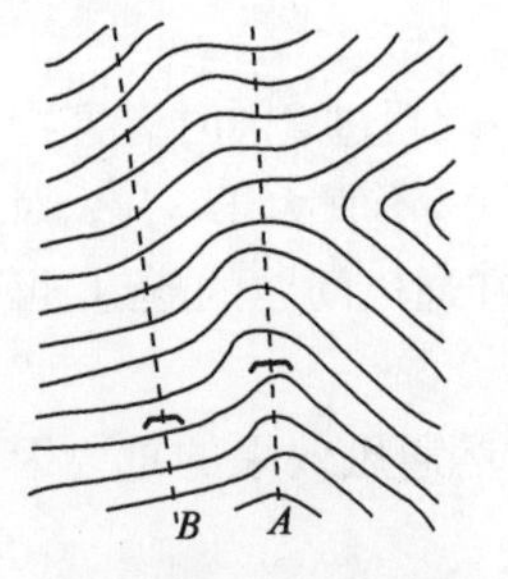

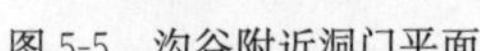
图 5-5　沟谷附近洞门平面

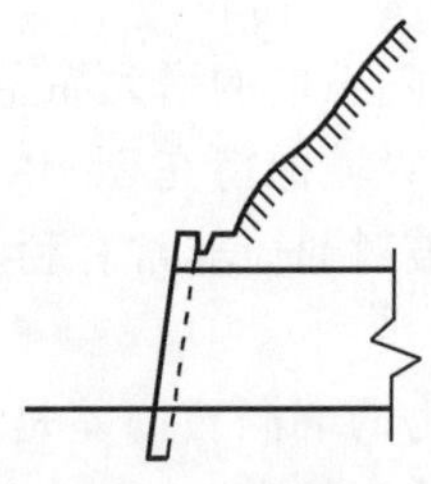
图 5-6　贴壁进洞

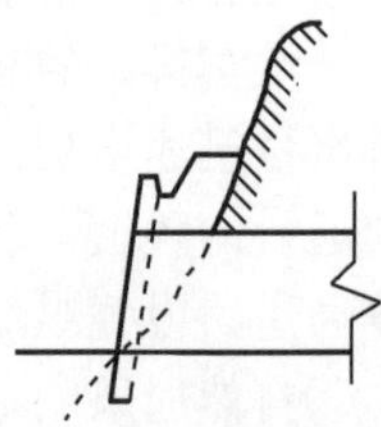
图 5-7　陡壁接长明洞时

洞门地形平缓时，一般也应早进洞晚出洞。这种情况，洞门位置选择余地较大，应结合洞外路堑、填方、弃渣场地、工期等具体确定，见图 5-8。如果洞门位于堆积层上，为避免引起坍塌、滑坡，保持山体稳定，一般不宜大量清刷。需要时可接长明洞，以确保施工和运营安全。

为使洞门段衬砌结构受力条件较好，应使隧道中线与地形等高线正交，正交洞门的边、仰坡开挖较小而且均衡，见图 5-9a)，道路隧道不宜设计斜交洞门。

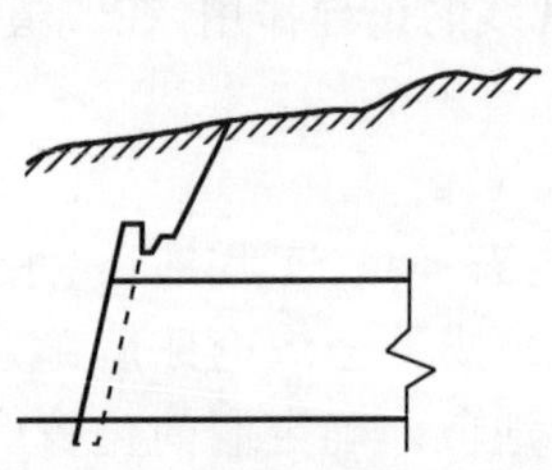
图 5-8　缓坡洞门纵断面示意图

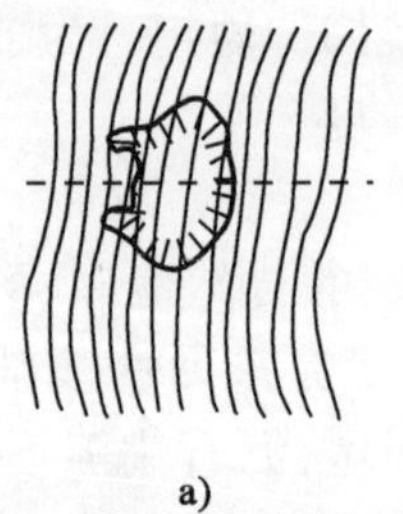
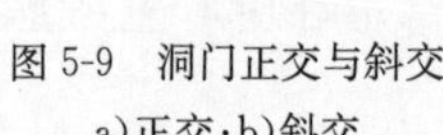

图 5-9　洞门正交与斜交

a)正交；b)斜交

(4)引线

引线的平面及纵断线形，应当保证有足够的视距和行驶安全。

①通常当汽车驶近隧道，但尚有一定距离时，驾驶员若能自然地集中注意力观察到洞门及其附近的情况，并保证有足够的安全视距，对障碍物可以及时察觉，采取适当措施，才能保证行车安全。

②为了使汽车能顺利驶入隧道，驾驶员应提早知道前方有隧道，所以在进口一侧，需要在足够的距离外才能够识别隧道洞门和按照正常驾驶进行操作。

③引线应采用通视好的线形，纵坡应当与隧道纵坡一致，进出隧道时不需

要换挡加速。把开始注视的点称为注视点，从注视点到安全视距点所需时间称为注视时间。从注视点到洞门采用通视线形极为重要。

④在洞门及其附近放入平面曲线或竖曲线的变更点时，应以不妨碍观察隧道，且保证有足够的注视时间为最低限度。图 5-10 所示的平面曲线并不能确保足够的注视时间。

图 5-10　隧道引线线形半径过小且注视时间不足影响行车安全

在洞门不应使用小半径曲线的引线与隧道衔接。图 5-10 所示采用小半径曲线即为不安全因素。隧道洞门内不小于 3 秒设计速度行程长度，与洞门外侧不小于 3 秒设计速度行程长度范围内的平纵线形应一致，不应小半径“急转”或线形突然变化。洞门引线应设置距洞门不小于 3 秒设计速度行程长且不小于 50m 的过渡段，同时保持横断面过渡的顺适。

洞门引线的纵坡与隧道纵坡在必要的距离之内应保持一致。如果在洞门前为陡坡时，车速会降低，进入隧道后加速行驶，必然使排气量增加，从而导致通风设备的加大或导致通风量不足。

双向双车道隧道引线接近洞门时不宜设置凸曲线，如果设置凸曲线一方面不利于排水，另一方面不利于隧道内外的通视；尤其是隧道进出口往往存在雨雾和冰雪时，更不利于安全(图 5-11)。

图 5-11　双向双车道隧道引线凸曲线不利于排水和安全

当设置隧道群时，隧道与另一隧道之间应设置一定的过渡距离满足人们对隧道与引线交替驾驶行为的适应性和对光线的适应性。

5.3 公路隧道洞门

5.3.1 公路隧道洞门的作用分类

(1)隧道洞门的作用

公路隧道洞门是连接隧道和路基(或桥梁)的建筑物,主要有两大作用:

①支持山体稳定边坡(洞门正面仰坡和边坡)并承受该处地层的土压力,使其保持稳定,或防止仰坡上方少量的滚石、坍塌、碎落,以及雪崩、风吹雪等自然灾害对路面的危害;将坡面水或地表水引离隧道(拦截、汇集、排除,有时在洞门上方设置女儿墙和排水沟渠)。这些都是受力与安全的需要,保证隧道施工安全和运营安全;

②是美化和过渡,美化是审美和艺术的需要,过渡一方面为几何(平纵线形和断面宽度等)的过渡,一方面为视觉的过渡,多指设减光棚等减光构造物、明洞或者对洞外环境作某些减光处理,亦或对洞内做增亮处理。

因此,隧道洞门的材质、形式及环境质量等将直接影响人们对整个隧道工程的评价,也影响公路景观的整体效果。

(2)常见的隧道洞门

目前所采用的隧道洞门形式来看,按照是否承受土压力,大体分为端墙式、突出式与特殊式。

①端墙式。端墙式有普通端墙式、洞门环框及翼墙式(含柱式)三种形式(图 5-12、图 5-13、图 5-14、图 5-15)。

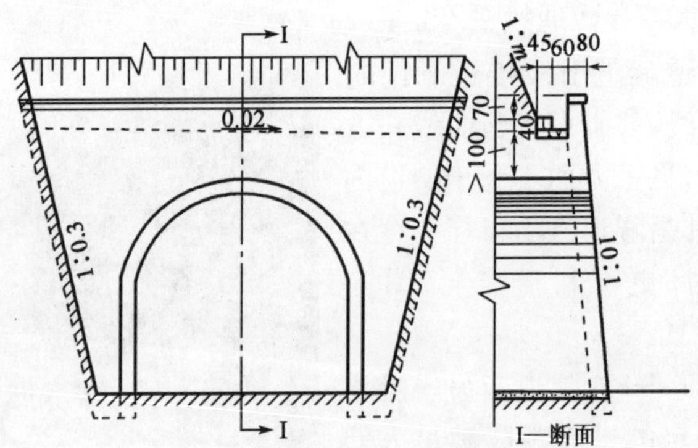

图 5-12 普通端墙式洞门(单位:cm)

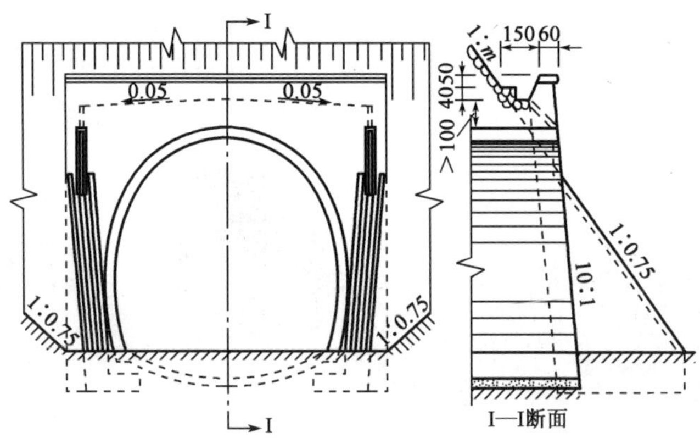

图 5-13　翼墙式洞门(单位:cm)

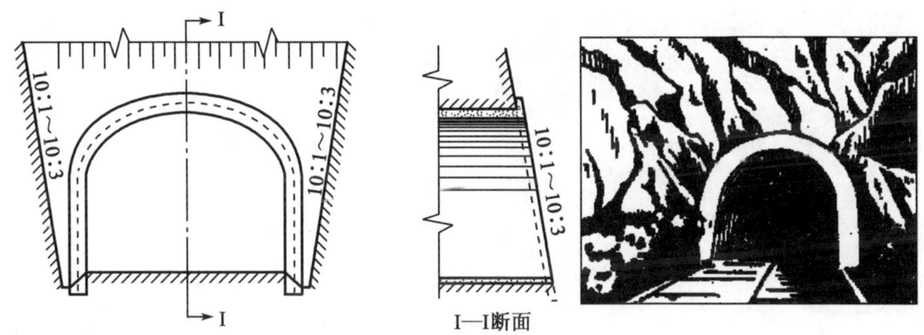

图 5-14　环框式洞门(单位:cm)

有挡墙的洞门适用于有挖方的地段,端墙承受墙后的土压力,端墙的形式要因地制宜,在有大量挖方或墙后土压力很大的时候,要采用重力式端墙,在没有特大土压力作用的地形场合,一般多采用简单的端墙式。当地势比较平缓,左右挖方小时,可采用洞门环框式。背后土压力较大时,宜采用翼墙式。

普通端墙式洞门适用于岩质稳定的Ⅳ类以上围岩和地形开阔的地区,是最常使用的洞门形式。翼墙式洞门适用于地质较差的 III 类以下围岩,以及需要开挖路堑的地方。翼墙式洞门由翼墙和端墙组成。翼墙是为了增加端墙的稳定,同时对路堑边坡也起支撑作用。当洞门岩层坚硬、整体性好、节理不发育,且不易风化,路堑开挖后仰坡极为稳定,并且没有较大的排水要求时采用环框与洞门衬砌用混凝土整体灌筑。

当洞门为松软的堆积层时,通常应避免大刷仰、边坡,一般宜采用接长明洞,恢复原地形地貌的办法。此时,仍可采用洞门环框,但环框坡面较平缓,一般与自然地形坡度相一致。环框两翼与翼墙一样能起到保护路堑边坡的作用。环框四周恢复自然植被原状,或重新栽植根系发达的树木等,以使仰、边坡稳定。在引道两侧如果具备条件可以栽植高大乔木,对洞外减光十分有益。

图 5-15　端墙式洞门应用示例

图 5-16　突出式(削竹式)洞门示例

②突出式。突出式洞门是指隧道主体从洞门突出,尽可能不破坏山体和原有地形,根据突出部分的形状又可分为洞身突出式、削竹式、喇叭口式等,突出式洞门适用于洞门周边的地质不良,需要填土的情况。在积雪地区广为使用。削竹式采用与坡面契合的斜削形状,与周边的自然景观很协调(图 5-16)。喇叭口式扩大了口部面积,使驾驶员驾驶进入隧道时产生安全感,景观评价较好。后两种多在周边地形平缓的情况下采用。表 5-3 为突出式洞门使用条件。

突出式洞门使用条件　　表 5-3

洞门形式	突出式		
	洞身突出式	削竹式	喇叭口式
围岩条件	1. 需填土 2. 洞门周边地质不良 3. 积雪地区	1. 洞门周边平坦 2. 根据基础的承载力设计削竹的形式	1. 地质条件好 2. 地形比较开阔 3. 积雪地区
施工条件	1. 设置明洞 2. 地形,地质条件好的情况下,最经济 3. 地形,地质条件不良的情况需要填土	1. 模板配筋繁琐 2. 费用较高	1. 模板配筋繁琐 2. 费用较高 3. 施工难度大

续上表

洞门形式	突出式		
	洞身突出式	削竹式	喇叭口式
景观(安全)因素	1.视野良好 2.与周围地形相配合	1.易于与周围景观相协调 2.造型灵巧,美观	1.易于与周围景观相协调 2.造型灵巧,美观
心理因素	减轻行车心理压力	减轻行车心理压力	放大洞门设计,减轻行车压力

③特殊式。特殊式是指洞门与其他功能性建筑相结合,适合在市区中使用以及特殊的自然环境下使用。

(3)遮光棚式洞门

当洞外需要设置遮光棚时,其入口通常外伸很远。遮光构造物有开放式和封闭式。前者遮光板之间是透空的,后者则用透光材料将前者透空部分封闭。形状上又有喇叭式与棚式之分。图5-17为棚式的应用示例。

图5-17　遮光棚示例

5.3.2　公路隧道洞门应用示例

(1)隧道洞门设计原则

公路隧道与城市隧道不同,其周边环境一般不在城内或城郊,具有独特的环境特点,且随着公路文化建设的需要,对洞门的结构与艺术设计已经提到较高的需求,公路隧道洞门设计应坚持以下设计原则:

①功能与结构、艺术相适应原则

从功能上讲,隧道洞门除了具有承受背后山体土压力,稳定边坡,保护道路免于落石、雪崩等的危害的基本作用外,还具有缓和洞门内、外光线的差异,降低眩光感,确保眼睛舒适性和视觉安全性的安全作用和与洞门周边的景观协调,缓和高速进入洞内暗部时心理紧张感的景观作用。洞门安全作用和景观作用都与洞门的设计密切相关;在结构上安全、稳定是前提,同时应确保结构物易于实现、满足地形允许等条件;艺术上,应从美学和心理学角度去研究;但两者有主有次,结构安全稳定为主,设计时应注重此要点。

②遵循环境和意境相结合的原则

所谓环境是隧道整体环境,包括自然环境和区域社会环境,当然也包括当地的风俗文化;所谓意境即设计者所要表达的境界和意向的目标。在洞门设计构思时,注重与环境的协调也是美学原则之一。

隧道洞门设计一方面要对原有自然环境加以保护与利用,尽可能不破坏或少破坏,坚持与周围环境相协调原则,以自然出入洞为主(图 5-18);一方面要传递区域文化或设计意境的相关信息,两者组合形成特定的美学效应。

图 5-18　自然出入洞

图 5-19 反映了较少挖方的隧道与环境协调、相容。

图 5-19　较少挖方的隧道

图 5-20 反映了隧道洞门与周围不协调的示例。周围植被覆盖率高、边坡采用生态防护,洞门采用厚重的混凝土与其上覆土厚度及周围生态环境不协调。

a)　　b)　　c)

图 5-20　隧道洞门结构与周围环境不协调

a)粗重的混凝土与边坡破坏；b)、c)大面积的植被破坏

图 5-21 反映了另一隧道洞门与周围不协调的示例。周围植被覆盖率高、仰坡采用生态防护，但扰动部分并未全部防护，仍留有大面积的裸露，总体与周围生态环境协调性差。

图 5-21　隧道洞门结构与周围环境协调性差

图 5-22 反映了隧道洞门与周围协调的示例。周围植被覆盖率高、边坡采用生态防护，隧道洞门结构不厚重，仰坡采用生态防护。

图 5-22　隧道洞门结构与周围环境协调性好

图 5-23　隧道洞门结构与周围环境协调性好

图 5-23 反映了另一隧道洞门与周围协调的示例。周围植被覆盖率高，采用端墙式洞门，仰坡未防护但扰动小，整体结构与环境协调。

图 5-24 反映了另一隧道洞门与周围协调的示例。周围植被较好，采用端墙式洞门，隧道上部覆盖土层厚，种植有乔灌木，整体结构与环境协调。

图 5-24　隧道洞门结构与周围环境协调性好

③主从有别原则

坚持主从有别原则，强调洞门其他建筑应服从洞门的建筑风格，两者应统一。

图 5-25 反映了隧道洞门与其他附属建筑不协调的示例，洞门周围隧道用房外形及装饰过于引人注目，容易引起安全隐患。

图 5-25　隧道洞门与其他附属建筑的协调

④坚持融于自然巧妙设计，摒弃过度装饰

关于“公路隧道洞门文化艺术”，目前尚有争论。有学者认为，隧道洞门可以作为建筑艺术的一种形式，有学者认为洞门是结构与艺术的统一体。如图 5-26 反映了一些学者和工程建设者的价值取向，采用大量的人工艺术品装饰洞门，但笔者认为高速公路隧道洞门景观设计应以建设融于自然、少留人工痕迹、少吸引驾驶员注意力为妥。

图　5-26

图 5-26 过于装饰的隧道洞门

⑤平衡与稳定原则

平衡与稳定是联系在一起的，该设计原则从行车心理角度分析，一是用绝对对称手法来体现平衡，对称是形态上的协调，显得均衡，稳重，是人们易于接受的美感；二是巧妙地将各种要素人为地组合在一起，构成整体综合平衡。洞门的设计避免对驾驶员的行车产生影响，降低端墙的压迫感，减轻驾驶员的心理压力，必要的时候通过外观设计给驾驶员一定的刺激，防止行车疲劳。

图 5-27 反映了左右线两个洞门结构不协调，不相配，不对称。

图 5-28 反映了左右线两个洞门结构尺度偏低矮，结构总体不协调，不相称。

图 5-29 反映了相对于隧道洞身处的山体，洞门结构轻巧尺度偏低矮，但仰坡至顶全部扰动之后采用骨架植草防护，结构总体不协调，不相称。

图 5-30 反映了相对于隧道洞身处的山体，洞门结构轻巧尺度协调、相称。

图 5-27　隧道洞门结构不协调

图 5-28　隧道洞门结构尺度不协调

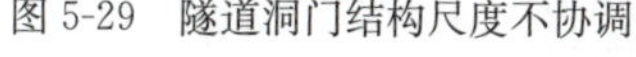

图 5-29　隧道洞门结构尺度不协调

图 5-30　隧道洞门结构尺度协调

⑥简明原则

一般隧道不过多强调所谓的“一隧一景”和人工痕迹的遗留，尤其是在高速公路高速行驶时以不过多吸引驾驶员注意力为原则。对特长隧道等标志性工程，可以酌情进行洞门景观设计，但仍强调与周围环境的协调，尽量简单明了，一目了然，不给人以过多的想象和注意力吸引(图 5-31)。

图 5-31　特长隧道洞门简洁大方

隧道名称可置于洞门上方，侧面或用标志牌给予指示。字体应清晰、醒目(图 5-32、图 5-33、图 5-34)。

图 5-32　隧道名称字大但不醒目

图 5-33　隧道名称字大且醒目

图 5-34　隧道名称字大、醒目但竖排不利于安全

此外，在经济方面，隧道洞门的修建应兼顾经济适用，在确保功能与周围环境相协调的基础上，尽可能节省工程投资、减少养护管理成本。

（2）隧道洞门外形的边界

洞门的美学形式力求简洁，避免过分注重形式美，要与环境，功能特性相融合。洞门可以简化为由一定曲线或曲面组成的几何体，在保证了受力与实用的基础上，应考虑美学、心理因素。

隧道的洞门设计可以引入几何元素，但所要表达的主题应与所处的环境意境相融合。一般，立的长方形让人感受到一种上下的关系与联系；横卧的长方形给人一种横向的联系或宽阔的感觉；正方形具有相对稳定的感觉；而圆形给人以一种集中视角的感觉。有时，巧妙的处理洞门的轮廓，能起到画龙点睛的作用。如突出式洞门为了强调突出部的曲线之美，采用喇叭口的线形，同时有效地扩大了口部的宽敞感，合成材料的使用又使洞门保持了轻盈的效果。削竹式洞门采用眼镜形洞门，将上下行洞门有机组合，扩大了洞门的体量，视觉鲜明（图 5-35）。

图 5-35　洞门轮廓线的运用

(3) 洞门的颜色与质地

隧道洞门的色彩可以是多样化的，最常用的色彩是材料的本色，如混凝土的青灰色、毛石的自然色泽、砖的色彩等。设计时，色彩宜单纯不应采用纯度高的明亮色，避免视觉上的突兀感，不宜混色，颜色的使用宜控制在两种以下。可局部采用色彩进行加强，如在突出部的口部局部采用强调色，利用色彩强调洞门的宽大感，利用颜色导引车辆的进入，提高行驶的安全性。此外，色彩的使用要注意与周围景物的过渡，注意其亮度的变化。

图 5-36 为隧道洞门的警示涂色，醒目，但容易过于引起视觉注意，不利于安全。

图 5-36　隧道洞门的警示涂色

图 5-37 为隧道洞外路面的彩色标线，醒目，但如果色差对比反差较大容易引起视觉注意，不利于行车安全，故可以采用与路面材质色差较小的色彩。

图 5-38 反映了隧道洞门采用色彩涂装，但仰坡为硬质防护，两者协调性差，如果仰坡采用生态防护其协调性更好(图 5-39)。

材料表面纹饰的变化有时可降低亮度并减轻洞门的压迫感。实践中多采用凿毛、横向线条和竖向线条等材料肌理的简单变化来降低大面积端墙的压迫感。天然石材质感粗犷，人工斧凿后质感细腻，可塑材料质感则可“粗”可

"细",体现现代感。近年来,金属、塑料甚至玻璃的质感,给洞门设计带来了新的风貌,在适当的场地条件下,能体现结构艺术的时代性和现代性,但须与周围场地条件协调(图 5-40)。

图 5-37　洞外路面的彩色标线

图 5-38　隧道洞门涂装与仰坡的协调性差

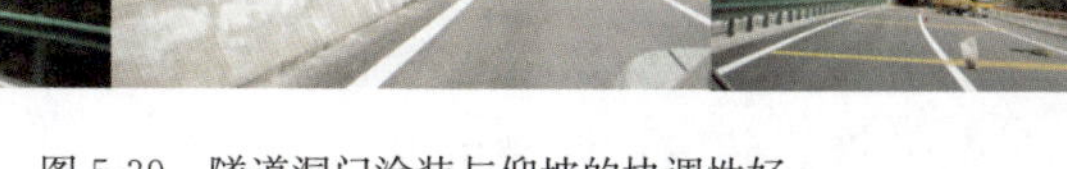

图 5-39　隧道洞门涂装与仰坡的协调性好

图 5-40　隧道洞门色彩材质搭配得当

(4)洞门边坡、仰坡及绿带设计

洞门边坡、仰坡及中间绿带设计，是环境恢复的重要部分，也是保证洞门与自然环境协调的重要因素，也可以减少驾驶员进入洞门的心理压抑感。

仰坡设计除须确保其结构安全稳定、尽可能减少土方开挖之外，还需服从视觉安全，不过多吸引驾驶员注意(图 5-41、图 5-42)。可结合隧道洞门的地质状况、开挖高度、自然环境等条件，因地制宜，灵活采用超前支护、长明洞等工程措施。其次，在视觉艺术中，布局是围绕突出主体形象或趣味中心这个目标展开的，在隧道洞门的整体布局中，洞门结构属于趣味中心与主体形象，仰坡的结构与造型应服务于这个中心。

图 5-41　较少扰动的隧道洞门

仰坡与驾驶员的视觉直接接触，好的仰坡景观设计能给人视觉享受，仰坡、洞门、边坡三者协调搭配，遵循美学中构图的原则，但要注意，构图的设计要以驾驶员的视角出发，一目了然。

由于传统的隧道洞门设计大多以浆砌为主，与周围自然景观极不协调，对于石质的边坡与仰坡。砖、石、混凝土等砌块或饰面挡墙，在视觉上给人呆板、生硬、沉重、压抑之感。在立面上进行绿化处理，如端墙式洞门顶部植物遮挡

图 5-42　较大扰动的隧道洞门

扰动的仰坡，可改善原有景观效果。图 5-43 为隧道端墙式洞门顶部植物遮挡扰动的仰坡。

图 5-43　隧道端墙式洞门顶部植物遮挡

近些年逐渐呈现出隧道洞门生态景观的趋势。对于用植被装饰的仰坡与边坡，从质地的角度可以给人舒适、安详的感觉。隧道洞门的边、仰坡扰动后恢复的植被，不仅可以保持水土，稳定边坡，而且使洞门周围景观和谐、自然。在植物选择上最好选用当地物种，既经济实用又便于管理，且易与环境协调。如果片面强调视觉的强烈刺激，易使驾驶员产生过度注意、视觉干扰和不良情绪。过分注重形式美，不考虑恢复自然景观，忽略植物后期管护等均不可取，所以要注意洞门生态恢复或景观设计的度。

图 5-44 为隧道洞门采用硬质防护的典型示例。图 5-45 为隧道洞门采用生态防护的典型示例。

对于隧道洞门前广场的绿化带及洞间的绿化带，能提高驾驶员视觉舒适感，同时防止汽车废气在两个洞之间回流，但应注意避免过度的景观设计，忽视了中间带原本的功能。图 5-46 为隧道广场的景观绿化，宜采用模拟自然的栽植方式，不宜用园林景观替代。

图 5-44　隧道洞门的硬质防护

图　5-45

图 5-45　隧道洞门的生态防护

图 5-46　隧道广场的景观绿化

5.4　公路隧道明洞

当隧道洞顶覆盖层较薄，难以用暗挖法修建隧道时，隧道洞门或路堑地段受塌方、落石、泥石流、雪灾等危害时，道路之间或道路与铁路之间形成立体交叉，但又不宜做立交桥时，通常应设置明洞。

明洞主要分为两大类，即拱式明洞和棚式明洞。按荷载分布，拱式明洞又可分为路堑对称型、路堑偏压型、半路堑偏压型和半路堑单压型；按构造，棚式明洞又可分为墙式、刚架式、柱式等。此外还有特殊结构明洞，如支墙明洞、支撑锚杆明洞、抗滑明洞、柱式挑檐棚洞、全刚架式棚洞、空腹肋拱式棚洞、悬臂棚洞、斜交托梁式棚洞、双曲拱明洞等。

通常根据明洞的用途、地形、地质条件、荷载分布情况、运营安全、施工难易以及经济条件等进行具体分析、比较，确定明洞形式。

(1)拱式明洞

拱式明洞主要由顶拱和内外边墙组成混凝土或钢筋混凝土结构，整体性较好，能承受较大的垂直压力和侧压力。内外墙基础相对位移对内力影响较大，所以对地基要求较高，尤其外墙基础必须稳固。必要时还可加设仰拱。通常用作洞门接长衬砌的明洞，以及用明洞抵抗较大的塌方推力、范围有限的滑坡下滑力和支撑边坡稳定等，见图 5-47。

(2)棚式明洞

受地形、地质条件限制、难以修建拱式明洞时，边坡有小量坍落掉块、侧压力较小时，可以采用棚式明洞，见图 5-48。棚式明洞由顶盖和内外边墙组成。顶盖通常为梁式结构。内边墙一般采用重力式结构，并应置于基岩或稳固的地基上。当岩层坚实完整，干燥无水或少水时，为减少开挖和节约圬工，可采用锚杆式内边墙。外边墙可以采用墙式、钢架式、柱式结构。

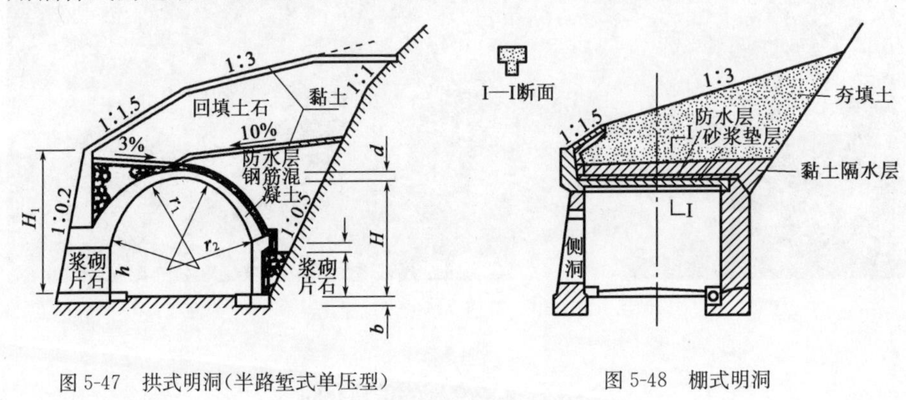

图 5-47　拱式明洞(半路堑式单压型)

图 5-48　棚式明洞

5.5　公路隧道内装、顶棚

(1)内装

为了确保行车安全，在道路隧道中一般可用适当的材料加以内装处理。内装可以改善隧道内的环境，提高能见度，吸收噪声。

未经内装的混凝土衬砌表面，特别容易吸附引擎排出的废气中的黏稠油分，与烟雾、尘埃一起沾在表面上，在隧道内潮湿、漏水的情况下，这种污染，能使墙面的反光率降到极低的水平。经过内装的墙面，污染虽仍是不可避免，但要求内装具有不易污染、容易清洗、耐冲刷、耐酸碱、耐腐蚀、耐高温等特点，表面应该光滑、平整、明亮。

内装材料要求表面光洁、明亮，这样可提高墙面的反射率，可以增加照明效果。由于人眼对波长 555nm 的黄绿光最为敏感，所以内装材料应当是淡黄和浅绿色。内装作为背景的墙面，能衬托出障碍物的轮廓，这就需要使墙面具有良好的反射率。为了减少眩光，希望这种反射是漫反射。

通常用于隧道内装的材料有：

①混凝土。其表面粗糙，容易污染而且不好清洗，但衬砌表面不需特殊处理即可设置。

②饰面板、镶板等质地致密材料。不容易污染，易清洗，洗净率高。板背后如有渗漏水也很隐蔽，即使外露也容易洗净。各种管线容易在板背后隐蔽设置。板背后的空间有利于吸收噪声。

③瓷砖镶面材料。表面光滑，最容易洗净，且视觉效果良好；要求衬砌平整，以便镶砌整齐；隧道漏水部位可以考虑用排水管道疏导；镶面后面可以埋设小管线；但这种材料没有任何吸声作用。提供的反射一般很少为漫反射。

④油漆材料。比混凝土材料容易清洗，但不及其他两种材料，对衬砌表面要求很高，需要压光、平整；隧道不能有漏水现象，如有漏水浸湿的油漆损坏很快；这种材料也没有吸声作用。

随着建筑材料工业技术的发展，新材料相继出现，许多新型材料已经应用于隧道内装。但用于内装的新材料应该具有：耐火性，在高温条件下不易燃烧、不分解有害成分等；耐蚀性，长期在油垢及有害气体作用下不变质，在洗涤剂等化学物质作用下不被侵蚀；不怕水，大多数隧道都存在漏水问题，在水的浸泡下，在潮湿环境中不变质、不霉烂。

图 5-49 和图 5-50 分别给出了隧道进出口段和洞身段的装饰实例。

a)　　b)

图 5-49　隧道入口处、出口的装饰与顶棚

a)入口处瓷砖的反光利于光线过渡；b)出口处瓷砖的反光利于光线过渡

(2)顶棚

顶棚是背景的一部分，经过顶棚的反射光使路面产生二次反射，能明显的增加路面亮度，故顶棚的反射率对提高照明效果有利。顶棚用漫反射材料可以避免产生眩光，其明亮程度直接影响到路面亮度，所以顶棚宜用浅色，但是又应有别于墙面，在色调和饱和度上可以有所不同。图 5-49 和图 5-50 分别给出了隧道进出口段和洞身段的顶棚表面构造实例。

图 5-50 隧道洞身的装饰与顶棚

a)混凝土内衬——光线偏暗;b)瓷砖内衬配以简约照明或不照明——利于光线,腰线引导视线;c)装饰与顶灯的不利配合——形成光圈;d)同样是瓷砖内衬腰线位置与宽带不同效果不同

5.6 隧道照明

5.6.1 隧道照明方式

根据《公路工程技术标准》(JTG B01—2003)、《公路隧道通风照明设计规范》(JTJ 026.1—1999)，高速公路一级公路的隧道其长度大于100m时应设置照明设施，二、三、四级公路的隧道其照明设施可根据具体情况设置。设计时，照明应根据公路等级、车道数、设计交通量、计算行车速度、车辆种类与排放量、隧道海拔高程、隧道所经路线及洞门附近的自然条件、隧道断面与平纵线形、洞内装饰情况等因素进行设计；并纳入隧道总体，以保证隧道内安全行车和经济营运为宗旨。

照明方式是指灯具安装位置，一般有中央布置、单侧布置和两侧布置三种方式。

5.6.2 隧道照明要点

隧道照明系统包括：中间段照明、入口段照明、过渡段照明、出口段照明、接近段减光设施、应急照明和洞外引道照明。不同区段隧道的照明亮度如图5-51所示。

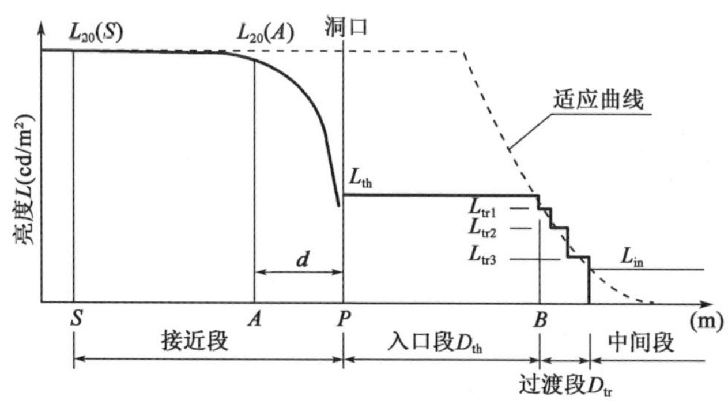

图5-51　各照明段的亮度与长度

P-洞口(或棚口)；S-接近段起点；A-适应点；d-适应距离；$L_{20}(S)$-洞外亮度；$L_{20}(A)$-适应点亮度；L_{th}-入口段亮度；L_{tr1}、L_{tr2}、L_{tr3}-过渡段亮度；L_{in}-中间段亮度；D_{tr1}、D_{tr2}、D_{tr3}-过渡段1、2、3分段长度

(1)入口段照明

一般,隧道洞外亮度高、洞内亮度低,人由亮度高的空间进入亮度低的空间暗适应所需的时间比较长,这样隧道入口段照明就显得十分重要。入口段照明应考虑洞外亮度、洞门方位、隧道内废气的排放方式与情况等因素。洞门方位对洞外亮度影响较大,隧道内废气的排放方式与情况对照明有很大影响。如果在入口端洞门排出大量废气,其微细颗粒受日光照射后,经散射和反射就会产生白色光幕,将降低亮度对比度和照明效果。

洞外亮度 $L_{20}(S)$是照明系统的设计基准之一,对工程投资和营运电费都有极大的影响。一般,洞外亮度 $L_{20}(S)$是指在接近段起点 S 处,距地面 1.5m 高正对洞门方向 20°视场实测得到的平均亮度。一般通过洞门山坡绿化或对结构物进行减光处理,尽量降低洞外亮度。设计阶段,如无资料,洞外亮度可按表 5-4 取值。

洞外亮度 L_{20}(S)(cd/m²) 表 5-4

天空面积百分比	洞口朝向或洞外环境	v_t(km/h) 40	v_t(km/h) 60	v_t(km/h) 80	v_t(km/h) 100
35%~50%	南洞口	—	—	4 000	4 500
	北洞口	—	—	5 500	6 000
25%	南洞口	3 000	3 500	4 000	4 500
	北洞口	3 500	4 000	5 000	5 500
10%	暗环境	2 000	2 500	3 000	3 500
	亮环境	3 000	3 500	4 000	4 500
0%	暗环境	1 000	1 500	2 000	2 500
	亮环境	2 500	3 000	3 500	4 000

注:1. 天空面积百分比指 20°视场中天空面积百分比。
2. 南洞口指北行车辆驶入的洞口,北洞口指南行车辆驶入的洞口。
3. 东洞口与西洞口取用南洞口与北洞口之中间值。
4. 暗环境指洞外景物(包括洞门建筑)反射率低的环境;亮环境指洞外景物(包括洞门建筑)反射率高的环境。

洞外亮度实测时实测位置为接近段起点,接近段长度应取洞外一个照明停车视距。照明停车视距可按表 5-5 取值。

照明停车视距(m)　　表 5-5

v_t(km/h) \ 纵坡(%)	−4	−3	−2	−1	0	1	2	3	4
100	179	173	168	163	158	154	149	145	142
80	112	110	106	103	100	98	95	93	90
60	62	60	58	57	56	55	54	53	52
40	29	28	27	27	26	26	25	25	25

入口段长度 D_{th} 可根据车速、视距、最小衬托长度、洞门净空高度、适应距离进行计算。入口段长度可按下式计算：

$$D_{th} = 1.154D_s - \frac{h-1.5}{\tan 10^\circ} \tag{5-1}$$

式中：D_{th}——入口段长度(m)；

D_s——照明停车视距(m)；

h——洞口内净空高度(m)。

入口段亮度可按下式计算：

$$L_{th} = k \cdot L_{20}(S) \tag{5-2}$$

式中：L_{th}——入口段亮度(cd/m^2)；

k——入口段亮度折减系数(表 5-6)；

$L_{20}(S)$——洞外亮度(cd/m^2)。

亮度折减系数　　表 5-6

设计交通量 N(辆/h)		k			
		计算行车速度 v_t(km/h)			
双车道单向交通	双车道双向交通	100	80	60	40
≥2 400	≥1 300	0.045	0.035	0.022	0.012
≤700	≤360	0.035	0.025	0.015	0.01

注：当交通量在其中间值时，按内插考虑。

入口段的照明由基本照明和加强照明两部分组成，基本照明的灯具布置应按中间段照明考虑，加强照明可用功率较大的灯具加强照明。加强照明所用灯具，可以从洞门以内 10m 处开始布设。

(2)中间段照明

根据《公路隧道通风照明设计规范》，中间段亮度可按表 5-7 取值。

中间段亮度 L_{in} 表 5-7

计算行车速度(km/h)	L_{in}(cd/m^2)	
	双车道单向交通 $N>2\,400$ 辆/h 双车道双向交通 $N>1\,300$ 辆/h	双车道单向交通 $N\leqslant700$ 辆/h 双车道双向交通 $N\leqslant360$ 辆/h
100	9.0	4
80	4.5	2
60	2.5	1.5
40	1.5	1.5

当双车道单向交通 700 辆/h$<N\leqslant$2 400 辆/h，双向交通 360 辆/h$<N\leqslant$1 300 辆/h 且通过隧道的行车时间超过 135s 时，可适当降低亮度。人车混合的隧道中，中间段亮度不低于 2.5cd/m^2。隧道两侧墙面 2m 高范围内，宜铺设反射率不小于 0.7 的墙面材料。

中间段灯具布置应满足闪烁频率低于 2.5Hz 或高于 15Hz。可采用中线布置、两侧交错布置或两侧对称布置。

应急停车带上经常进行车辆检修，宜采用荧光灯光源，其照明亮度应大于 7cd/m^2。连接通道亮度应大于 2cd/m^2。

(3)出口段照明

在隧道出口附近，前车背后的小型车辆常难以发现、视认，容易发生车祸。设置出口加强照明后，可消除这类视觉困难。在单向交通隧道中，应设置出口段照明，出口段长度宜取 60m，亮度宜取中间段亮度的 5 倍。双向交通隧道中，可不设出口段照明。

(4)过渡段照明

过渡段由 TR_1、TR_2、TR_3 三个照明段组成，其长度分别为 D_{tr1}、D_{tr2}、D_{tr3}。与之对应的亮度可按表 5-8 取值。过渡段各自的长度可按表 5-9 取值。

过渡段亮度 表 5-8

照明段	TR_1	TR_2	TR_3
亮度	$L_{tr1}=0.3L_{th}$	$L_{tr2}=0.1L_{th}$	$L_{tr3}=0.035L_{th}$

过渡段长度 D_{tr}　　表 5-9

计算行车速度 v_t (km/h)	D_{tr1} (m)	D_{tr2} (m)	D_{tr3} (m)	计算行车速度 v_t (km/h)	D_{tr1} (m)	D_{tr2} (m)	D_{tr3} (m)
100	106	111	167	60	44	67	100
80	72	89	133	40	26	44	67

过渡段 TR_1 的长度相当于 1.8～2s 内的行驶距离；过渡段 TR_2 的长度为 D_{tr2},相当于 4s 内的行驶距离。过渡段 TR_3 的长度为 D_{tr3} 相当于 6s 内的行驶距离。

(5)接近段减光

隧道接近段可采取以下洞外减光措施:从接近段起点起在路基两侧种植常青树;采用削竹式洞门形式;大幅坡面绿化;洞门采用端墙形式时,墙面宜采用冷色调,其反射率应小于 0.17。在接近段起点处的 20°视场中,天空面积小于 50%时,不宜设置遮光棚。采用削竹式洞门并辅以大幅坡面植被时,即使 20°视场中天空所占比例较多,$L_{20}(S)$值仍远低于端墙式洞门。

洞外亮度 $L_{20}(S)$对整个照明系统的影响极大,若对洞门做明亮装饰会倍增洞外亮度,加剧“黑洞效应”,导致照明能耗的浪费。

(6)应急照明

高速公路隧道应设置不间断照明供电系统,长度大于 1 000m 的其他隧道应设置应急照明系统,并保证照明中断时间不超过 0.3s,维持时间不短于 3min。在启用应急照明时,洞内路面亮度应不低于中间段亮度的 10%和 0.2cd/m^2。配合启用应急照明,应在洞外一定距离设置信号灯或可变信息版显示警告信息。在高速公路长隧道和长度大于 2 000m 的其他隧道中,应设置避灾引导灯。

(7)光源与灯具

一般情况下隧道照明光源宜选择效率高、透雾性能较好的光源。短隧道、柴油车较少的城镇附近隧道、应急停车带、人行横通道、车行横通道可选用显色指数较高的光源。光源的使用寿命应不小于 10 000h。

隧道照明灯具的防护等级应不低于 IP65,应具有适合公路特点的防眩装置,灯具结构应便于更换灯泡和附件,灯具零部件应具有良好的防腐性能,灯具配电安装应易于操作并能调整安装角度,灯具不得侵入隧道建筑界。

隧道照明目前多采用效率及透雾性能较好的高压钠灯。对显色性要求较高的隧道和特殊地段较多采用荧光灯。近些年来高速公路隧道对 LED 灯应用较为广泛。

图 5-52 为不同区段隧道的照明效果。

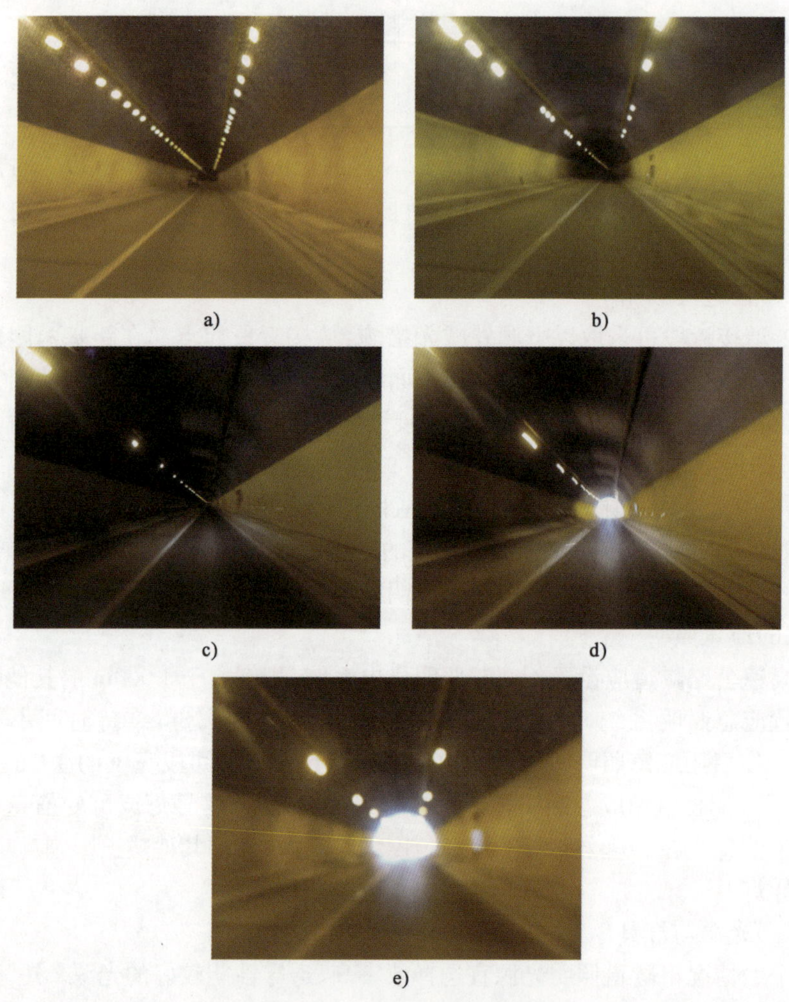

图 5-52　各照明段照明效果

a)入口段照明效果；b)入口过渡段照明效果；c)中间段照明效果；d)出口过渡段照明效果；e)出口段照明效果

第 6 章　公路房屋建筑

公路房屋建筑是为满足公路正常的运营、管理、服务等工作的要求而建设的房屋建筑工程。公路房屋建筑作为公路建筑群的重要组成部分,发挥着重要作用,特别是国、省网的高速公路等重要干线公路中公路房屋建筑已经成为公路建筑群的重要窗口。在工程建设中,公路房屋建筑一直坚持工程与艺术的结合。

公路房屋建筑一般均建造在野外、功能需求复杂,兼具公共建筑和居住建筑的功能要求,具有鲜明的公路行业特点。由于公路房屋建筑(群)的服务对象、周围环境与一般公共建筑有较大差异,相应的其功能、结构、建筑风格等也与一般公共建筑存在不同的要求和存在形式。关于公路房屋建筑,笔者理解应建立在系统的公路建筑学理论体系上,在满足基本功能(服务、工作、应急等)的前提下,从公路建筑心理学、建筑空间、光学与色彩、建筑环境等方面入手,追求结构与艺术、心理、环境的统一和协调。

本章介绍公路房屋建筑的特点与分类、公路房屋建筑选址、服务设施设计与应用示例、管理设施设计与应用示例。

6.1　公路房屋建筑的特点与分类

6.1.1　公路房屋建筑的特点

公路房屋建筑是依附于公路而存在的,一般均建造在野外,建设场地分散,其建设条件和场地环境复杂,建筑功能要求多样,具有以下几个特点:

(1)建筑选址受公路线位制约

公路管理设施服务于公路日常管理,保证公路畅通和正常营运,服务设施为公路驾乘人员和车辆提供服务,保证驾乘人员各种需求和车辆正常行驶,管理设施和服务设施均服务于公路,其布设位置必须方便进出公路,因此,公路房屋建筑一般均位于公路附近,随着公路线位的调整,建筑位置亦随之调整,对公路线位具有高度依赖性。

公路房屋建筑的总体布局受公路本身，其相对位置、引道、人流车流的交通组织等影响很大。因此，两者的关系要处理得当，做到使用方便，交通快捷，投资低廉，利于发展。

(2)建筑功能要求复杂

公路房屋建筑类型较多，不同类型的建筑，其功能要求不同，如收费站建筑，要求满足收费办公、人员住宿、餐饮、娱乐等功能要求，服务设施要求满足驾乘人员如厕、休息、餐饮、购物以及车辆停放等需求，而每一项功能需求建筑面积要求一般都较小，且不同功能需求往往要求集中在一个建筑单体中实现，对建筑设计提出了更高的要求。同时，因为远离城市，水、电、暖等设施不能像城市建筑一样利用成熟的市政管网，必须结合建筑周围环境，设置独立的供水、供电、供暖等设施，这些设施的设计，也是公路房屋建筑设计的一个重要组成部分。

(3)设计规划限制条件较少但条件复杂

因为位于野外或城市边缘，除了少数位于城市开发区范围内的管理分中心或服务设施以外，对于公路房屋建筑设计，一般没有规划条件的限制，为设计人员提供了广阔的施展空间。

建设场地的地形、地貌、地下水位、风向、不良地质因素直接影响建筑设施总体布局，为正确处理设计布置与自然条件的关系，要因地制宜，采取利用、改造等办法加以处理，充分发挥场地的条件。

在建筑设施的总体布局中，考虑与周围环境有机结合是十分必要的。场地周围建筑的现状，主线边沟的排水坡度、绿化布置，供水、排水、供电等管网线的分布、环境卫生条件等，都影响总体布局的功能分区。在设计时应使建筑设施总体布局与周围环境条件协调一致，彼此呼应。

(4)与公路相关专业设计联系紧密

公路房屋建筑设计必须满足公路运营、管理及服务的功能要求，场地设计与公路几何参数设计密切联系(需了解路线平面、纵断面、纵坡、路基横断面及变速车道、路拱横坡等)，收费站设计参数须满足收费、监控、通信等专业功能要求，服务区、停车区场地进出口须与公路主线加减速车道连接顺畅，场区排水需与公路排水系统协调或设置综合排水系统等，在公路房屋建筑设计过程中，必须与公路交通工程、路基、排水、互通立交等专业紧密联系，才能做好公路房屋建筑设计，因此，掌握基本的公路工程专业知识，是开展公路房屋建筑设计工作的基础。

6.1.2　公路房屋建筑的功能与分类

按照建筑功能和提供的服务不同，公路房屋建筑可以分为服务设施和管理设施两大类。服务设施为道路使用者提供餐饮、休息、住宿、购物、娱乐、通信、信息咨询，以及车辆加油、维修、停车、休息、清洁等服务，其基本功能要求满足驾乘人员生理、心理需求和车辆的正常安全使用。管理设施为公路运营、管理和养护工作提供办公、住宿需求，包括管理中心（分中心）或处（所）、收费站、超限检测站、养护工区、隧道附属用房、道班房等。

（1）服务设施

服务设施根据其功能和规模的不同可分为服务区、停车区、加油站和公共汽车停靠站等（图 6-1）。

服务区是指专为高速公路使用者提供全面、优质服务项目的服务设施，根据服务区规模的不同，分为大型、小型服务区；服务区里的服务设施按功能划分，旅客提供优质服务的设施，为车辆提供优质服务的设施，为职工提供优质服务的设施，其他附属设施。

服务区设置的主要建筑物，是用来提供驾乘人员长途旅行和供服务区工作人员上下班所必需的休息、娱乐、购物等需要的场所。一般来说，服务区建筑设施包括办公楼、餐厅、休息厅、客房（旅馆）、职工宿舍、商店、广场、绿地、公共厕所、加油站、汽车修理站以及变（配）电室、锅炉房、水泵房、污水处理、仓库等建、构筑物。

与服务区相比，停车区和加油站的规模较小，功能比较简单，仅为驾乘人员提供休息、加油等简单服务，其建筑设施也较服务区简单，只有休息厅、加油站、公共厕所等建筑设施。

（2）管理设施

①管理中心（分中心）、处（所）。管理中心（分中心）、处（所）等主要行使行政管理和信息管理的职能，其主要建筑有监控大厅、办公楼、宿舍楼、职工食堂，以及为满足办公和生活需要而设置的变（配）电室、锅炉房、水泵房、污水处理等附属设施（图 6-2）。

图 6-1　高速公路服务区

图 6-2　高速公路管理中心

②收费站。收费站根据设置位置的不同可分为主线收费站(图 6-4)和匝道收费站(图 6-3),主线收费站一般设在路段的主线上,匝道收费站一般设在公路主线与被交路的主入口连接匝道上。收费站的建筑设施包括收费大棚、收费站办公楼、宿舍楼、职工食堂,以及为满足办公和生活需要而设置的变(配)电室、锅炉房、水泵房、污水处理等附属设施。

图 6-3　匝道收费站

图 6-4　主线收费站

③超限检测站。超限检测站是为满足公路超限检测、治理及管理的建筑设施。

④养护设施。养护设施是为公路提供养护维修的机构,根据规模、功能不同可分为养护工区与道班房两类,养护工区一般在高速公路和一级公路上设置,道班房主要用于二、三、四级公路,其建筑设施包括办公楼、宿舍楼、职工食堂、养护机具停放场、养护维修车库、堆料场,以及为满足办公和生活需要而设置的变(配)电室、锅炉房、水泵房、污水处理等附属设施。

6.2　公路房屋建筑选址

与一般公共建筑不同的是,公路房屋建筑存在选址问题。

公路房屋建筑的选址首先应考虑高速公路路网的整体规划布局,根据里程、路线线型以及公路沿线地形、地貌以及自然环境等因素综合考虑。尤其是在公路规划设计中,要把公路、建筑设施、自然环境有机地融合在一起,实现公路、建筑设施与自然环境的协调。

6.2.1　选址一般原则

以高速公路为例,根据项目路线特征以及系统管理的要求,建筑选址应遵循以下的选址原则:

(1)满足路线服务距离:考虑设计路段及相关路段的服务设施设置情况,从路网服务的角度综合考虑。

(2)满足可实现性要求:如路线线形、构筑物的许可性,地貌上原有道路、水渠、建筑物等的许可性。尽量避开电力、通信、房屋、沟渠、河塘等设施干扰,避开地质条件差、地形起伏大的地区,以减少工程拆迁和土石方工程量,降低工程造价,节约投资。不宜设在地质情况复杂,易发生或有发生隐患的滑坡、盐堆、泥石流等病害的路段。避免在主线小半径曲线区段或陡坡区段内设置公路房屋建筑,公路房屋建筑选址应符合视距等的规定。

(3)创造良好的办公工作环境:如匝道收费站、管理处、养护工区尽量设于立交匝道圈的外侧,避开立交内侧的不利环境,减少噪声、废气等环境污染。

(4)联系的便利性:如管理处(所)、养护工区选址尽量靠近路线城镇,以利于管理机构职工上下班及物资供应,降低管理成本。服务设施的选址应充分考虑电源、水源的供给条件,选择用地费用较低,便于供电、给排水,且容易建设的地点。选址要靠近高速公路主线,要有便捷的通道直接与高速公路的出入口相连,以方便对高速公路的日常运营进行管理,以及对高速公路上的突发事件做出快速反应。公路房屋建筑选址应综合考虑使用功能、管理费用、工程投资几方面因素确定,兼顾维护条件。

(5)环境的协调性:考虑周围的景观及附近的风景区,使服务设施的建筑造型、色彩等能够融入环境中,不至于造成突兀之感。服务区尽量选择风景秀丽、山水迷人的地方,以吸引驾乘人员休息和游览,从而使驾驶员在感觉到疲劳或困倦之前就得到休息,消除潜在的疲劳,减少事故的发生。管理中心等选址要充分考虑周围环境,尽量选择风景优美、交通便利的地方,创造宜人的办公环境,并树立良好的高速公路管理建筑形象。

(6)满足发展需求:应从初期到远期统一考虑,一次规划,分阶段实施,并要考虑今后发展的需要,留有发展余地,达到最大的经济、社会效益。当选址靠近高速公路主线时,要考虑高速公路将来的发展,为高速公路的拓宽留有余地;当选址靠近城镇时,要服从城市的总体规划,尽量融入城镇的基础设施和交通规划网,避免阻碍城镇的发展。

6.2.2 选址要点

(1)服务设施选址要点

服务设施的间距是结合相邻路段服务区设置情况,根据远景交通量、加油站设置、占地等因素而确定的适中间距,其设置间距可参考表 6-1。

服务设施设置间距　　表 6-1

项　目	平均间距(km)	最大间距(km)
服务区之间	50	60
服务区与停车区	15	25

服务设施应与主线线形相适应，避免设置在主线小半径曲线段或陡坡地段，注意避让桥梁、隧道以及互通式立交，一般情况下距离互通式立交应大于5km，这样有利于预告标志的设置，同时也便于加减速车道、贯穿车道的设置以及交通流的组织。停车区的最低功能是为满足驾驶员停车、休息等生理要求，解除疲劳紧张所需要的最小服务设施，最大间距宜为25km。

(2)管理中心(分中心)、管理处(所)选址要点

管理中心(分中心)、管理处(所)一般设置在高速公路附近，其选址要从管理、建设、维修三个方面综合考虑选址条件，尽量以便于道路运营、集中管理、人员上下班、接近城市为考虑重点。

选址要在收费车道之外，不可与在主线上的服务区等设施合建。因管理需要与外界要保持密切的联系，若建设在收费车道之内，不仅不方便，而且来往于管理机构的车辆会对高速公路收费造成干扰或增加管理成本。尽量与收费站、养护工区等合并设置，这样可共用食堂、配电房等辅助设施，减小建设规模，节约投资。

(3)收费站选址要点

收费站选址应注意以下要点：

①应结合道路线形和路侧地形、地质情况，综合考虑收费制式以及互通式立交的形式设置；

②应避开较小半径的平曲线路段、较陡或较大的坡度和较小半径的竖曲线路段、平纵线形组合不良的路段设置收费站；

③尽量将收费站设在人烟比较密集的区域附近，有利于保证收费站在建设和管理阶段的给排水、供电等生产、生活的供给；

④不宜在高填方路基、深挖路堑、半堤半堑路基路段等特殊的路段设置收费站；

⑤因山区路线线形限制，在整体路基路段选不到位置较佳的路段设置收费站时，可在平纵线形指标和地质情况较好的平面或纵面分离式路基的路段设置收费站，但为便于管理、减少投资，收费站区的设置应尽可能设在一处；

⑥应尽可能地避开多雾、大风、多暴雨的路段；

⑦为保证隧道通行畅通和安全，在隧道洞门前后不宜设置收费站。当收费站设置在隧道前后时，收费广场起讫点与隧道洞门的距离应满足车辆驶出洞门时的视觉适应距离和最小停车视距，同时应满足隧道设计的有关规定，此时的收费车道数设置应大于常规设置。

(4)养护工区选址要点

养护工区选址主要根据养护里程设置，一般合理的养护里程宜为40～60km。养护工区必须设置在高速公路收费车道之外，有一条与外界直接联系而不需要经过收费车道的道路，便于站区与外界的工作联系并且不会扰乱收费。一般尽量与收费站等管理设施合并设置，这样可共用食堂、配电房等辅助设施，降低建设规模，节约投资。

6.3　服务设施设计与应用

6.3.1　服务设施形式

服务区、停车区大致可分为分离式和集中式两类。分离式指在公路上、下行线外侧，分别设置独立的服务设施。集中式指上、下行车道的服务设施集中布置在公路一侧或分离式公路的中央。

服务设施布置除以上两种形式外，又可细分成分离式外向型、分离式内向型、分离式平行型、分离式混合型、分离式餐厅上空型、单侧集中型、中央集中型、内向外向合并型等。

一般情况下，为管理方便，较多的采用分离式服务区的布置形式(图6-5)，当双向车道较多时，中央车道区域通向服务区采用定向匝道实现，跨外侧车道区域。

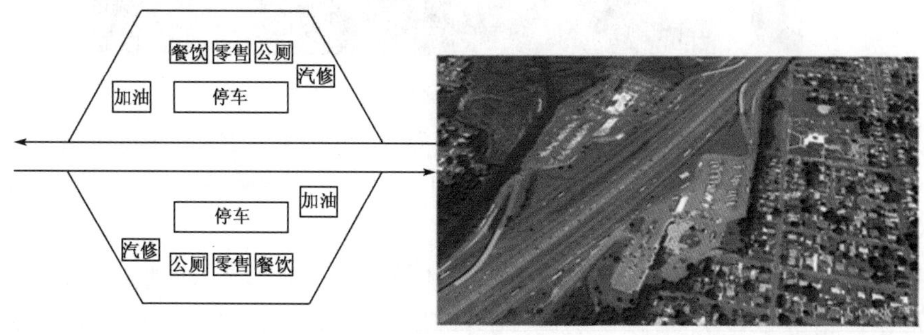

图6-5　分离式服务区

图 6-6 为单侧设置的集中式服务区，单侧设置时，另一侧采用连接匝道下穿高速公路后与服务区相通。

图 6-6　单侧设置的集中式服务区

图 6-7 为分离式路基在中央区域设置的集中式服务区，中央式提供双向的服务，一方面节约用地，节省了公共建筑面积，另一方面减少单侧设置时的连接匝道。

图 6-7　分离式路基在中央区域设置的集中式服务区

图 6-8、图 6-9 为分离式餐厅上空型服务区，将餐厅之类公共建筑空间减少，建在两个服务区之间的通道廊桥之上，增强公路驾驶员和乘客对公路建筑空间和建筑群的体验。

服务区形式具体应用时，应根据具体情况决定其形式，场地高程应根据地形条件错落布置，尽量减少用地、充分应用有效空间、减少填挖方量，保持自然生态状况，充分利用自然条件使建筑与环境达到和谐与统一。

图6-8　分离式餐厅上空型(法国)

图6-9　分离式餐厅上空型(中国)

服务、休息设施设置在主线车道外侧，场地外侧视线开阔、周围环境较佳的地方，宜设置成外向型。贯穿车道场地外侧布置，服务、休息设施布置在贯穿车道内侧，适用于挖方地段或周围有障碍物阻挡视线，一般采用内向型。停车区形式原则上采用分离式外向型。

服务区、停车区与公共汽车停靠站在不妨碍使用功能的情况下，可合并设置。图6-10即为法国某停车区公共汽车停靠站。

6.3.2　服务设施总图要点

关于公路服务设施总图设计一般根据其功能进行合理布局，原则、要点如下：

图6-10　法国停车区的公共汽车停靠站(休闲式停车区)

①出入口的安全原则。进出服务设施时公路在减速或加速，尽量避免车流与人流线的交叉，同时采取其他安全措施，设置大车加水或冷却轮胎等设施。

②总体设计兼顾各方原则。在总体设计中应当综合考虑功能区分，合理分隔，保证服务区内各部分既连接方便、快捷，又不相互干扰，达到安全、优质、高标准服务目的。例如乘用小汽车和小型货车的人使用食堂(快餐)较多；大型客车乘客集体使用公共厕所较频繁；免费休息室(厅)及商店为所有车辆乘客使用。所以，在小型专用停车场附近布置食堂(快餐)，在大型专用停车场附近布置公用厕所，中间则布置免费休息室和商店(小卖部)。

③车与人的设施分别布设原则。服务设施有些是专门针对车辆服务的，

有些是专门针对驾驶员与乘客服务的，二者分别设计、分开布局。停车场是提供汽车停车并进出的场所，也是供旅客上下车，并能够安全地步行到人的设施处之场所。停车场与食堂、商店、厕所、园地等通过广场、步行道互相联络。加油站与修理间两者最好并排相邻地布置。这样可以共用通信室、浴室、盥洗室及室外部分，在布置时要考虑消防和工艺要求。高速公路加油站大部分采用出口型，设计者要考虑从停车场向前能看到加油设施，或通过贯穿车道妥善地诱导车辆前往加油站。开往加油站和修理间的车辆，不要经由停车场，最好直接由贯穿车道、匝道穿行通过。

④服务适应性原则。为使高峰时去停车场的人不致拥挤，在这些设施的前面，要保证有足够宽阔的广场（在服务区为 20m 左右，在停车区为 10m 左右）。另外，停车场和设施前面的广场原则上不要有高低差。停车场停车车位与车道布置必须与设计车辆适应，使之能够合理停放与自如进出。

⑤兼顾残疾人便利原则。所有设施应考虑到残障人员的应用便利性，尽可能提供方便的服务。如在公共厕所内独立设置残疾人厕位，对坡道都要考虑残疾人专用设施，设置残疾人专用停车位（图 6-11）。

图 6-11　残疾人专用停车位

⑥景观协调原则。建筑物外部式样要统一，必须考虑增强景观。

6.3.3　单体建筑与建筑小品

服务区和停车区作为高速公路重要的服务建筑，不仅要满足服务功能要求，而且应该通过其建筑形象，创造良好景观，给行驶在高速公路上的驾驶员和旅客予以感官上的刺激，起到兴奋神经系统的作用，打破行进中的单调乏味，缓解生理疲劳。因此，服务区建筑要设计要力求活泼、生动，增强吸引力。设计人员在设计服务区和停车区的主体建筑、处理建筑外形时，要从建筑的色彩、比例、尺度等方面，考虑使用者的感官需求，考虑服务区和停车区建筑的特定功能、特定环境，同时调整建筑各组成部分的关系，使服务区和停车区建筑具有强烈的吸引力，并创造出轻松、活泼、安逸的环境氛围。

色彩是建筑与周围环境区别最清楚的一个属性。服务区和停车区主体建筑一般多采用比较鲜明的色彩，因建筑位置一般处在距城市较远的地区，因此，可借鉴乡间别墅的色彩表现手法，通过大面积使用一种色系，来达到突出服务区和停车区、吸引过往车辆的目的，同时也丰富了高速公路沿线的人文景观，打破驾乘人员长途行进中的单调乏味。

建筑的尺度也是设计中需要认真考虑的问题，要根据建筑的功能及人的需要采用不同的尺度。一方面，服务区和停车区是驾驶员和旅客在旅途中的休息场所，应主要采用适合于人的较小的尺度，创造出亲切、舒适的休息环境；另一方面，服务区也是高速公路沿线的重要景观，对于高速行进中的人们来说，是一个由远及近的欣赏过程，因此，一般将休息、餐饮、商店、卫生间等建筑连成一体，以增加建筑的整体尺度(图 6-12 和图 6-13)。

图 6-12　某高速公路服务区

图 6-13　某高速公路秦岭服务区

建筑小品指围绕主体性建筑而修建的小型构筑物，一般没有内部空间，体量小巧，造型别致，富有特色，并讲究适得其所。一般作为美化环境、烘托气氛、隔断空间、装饰陪衬主体建筑，供人们休息和观赏之用。如亭、池、廊、桥、漏茶墙、栅栏、华表、影壁、花坛、喷泉以及各种建筑雕塑等。建筑小品在环境中既能美化环境，丰富园趣，为人们提供文化休息和公共活动的场所，又能使驾乘人员从中获得美的感受和良好的教益。建筑小品功能简明，体量小巧，造型新颖，立意有章，以其灵活多能的特点适用于公路服务设施建筑空间，在比较重要或特殊的构造物处设置一些园林建筑小品，以达到烘托典型构造物，美化环境的目的。图6-14为某高速公路服务区综合楼前广场,设计了小桥、水池、休闲座椅等小品,既美化了环境和景观,也为驾乘人员提供了休闲的场所,使驾乘人员在此能够得到身心的放松和心情的愉悦,有效缓解疲劳,保证交通安全。

图6-14　某高速公路甘泉服务区

公路房屋建筑所用建筑小品按其功能分为五类:

①供休息的小品。可设在服务区和停车区,包括各种造型的靠背园椅、凳、桌和遮阳的伞、罩等。常结合环境,用自然块石或用混凝土做成仿石、仿树墩的凳、桌;或利用花坛、花台边缘的矮墙来做椅、凳等;围绕大树基部设椅凳,既可休息,又能纳荫。

②装饰性小品。结合环境设计可设在室内、外环境中,室内可设置各种固定的和可移动的花钵、饰瓶,可以经常更换花卉。室外可设置装饰性的雕塑等,在环境中起点缀作用。

③结合照明的小品。室外灯的基座、灯柱、灯头、灯具都有很强的装饰作用。

④展示性小品。特别适用于服务区、停车区,结合当地的风景区分布,可设置各种导游图板、当地风景名胜或文物古建筑的说明牌、图片画廊、广告牌等,都对当地的风景名胜、土特名优产品有宣传的作用。

⑤服务性小品。如为驾乘人员服务的公用电话亭、时钟塔等;保护园林设施的栏杆、格子垣、花坛绿地的边缘装饰等;保持环境卫生的废物箱等。

6.3.4　服务区的设计与应用

服务区应以服务为主,对比较长的高速公路,尤其是国道主干线,应适当考虑服务、休闲的需求,比如增加一些健身器材,让长途跋涉的驾驶员和乘客身心得到放松更有益于下一段路程行驶的舒适和安全。图6-15为高速公路服务区增加一些健身器材,提升服务理念和水平。

服务区等的建筑风格应与总体相协调，同时应与服务区周围环境相协调。大部分服务区与收费站区的建筑物及构造物一般都较新颖别致，外观美丽，设施先进，具有较强烈的现代感，视觉标志性极强，而且通常空间较大、绿化用地较充足。设计时应充分考虑大部分服务区等均设置在荒郊野外，周围多为乡村、农田、林地等，如果过多考虑超现代的设计风格，往往与周围环境格格不入。图 6-16 反映了两种不同的服务理念：一种服务区统一规划设计，色彩服从建筑风格，而且与周围环境背景互相协调，以达到整体环境舒适宜人，提升服务理念；另一种色彩多、乱，对比度大，与周围环境不协调。

图 6-15　长途跋涉的放松

a)　b)　c)　d)

图 6-16　不同的服务理念

a)色彩多、乱；b)色彩对比度大；c)色彩服从建筑风格；d)色彩鲜明

服务区服务对象多为短暂停留，不是长期、仔细欣赏，所以服务区等设计不宜按照精细化的园林进行设计，可以适当考虑一部分的小区景观，轻松活泼，加强美化效果，多建设一些与外部空间相协调的环境景观，如南方的竹林等等，尽量给人以乡土气息。图 6-17 为服务区采用乡村气息浓厚的竹林，与

周围环境相容。图6-18为路边采用园林式设计，与周围环境不容，且显得浪费。

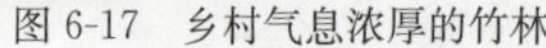
图6-17　乡村气息浓厚的竹林

图6-18　园林设计显得浪费且与外部空间不协调

服务区等不必非要移植大树、名贵树种，可根据各自所处的地域特征，突出地方文化氛围、展示区域旅游资源和经济特色。如图6-19和图6-20。图6-21移植大树出现生长不良。

图6-19　突出地方文化

图6-20　展示旅游资源

图6-21　移栽高大的树木濒临死亡

关于公路建筑群(如服务区)的建筑风格，许多学者认为一个项目(如几十公里)应该统一规划，在统一中变化，图6-22、图6-23反映了一些高速公路服务区统一的建筑风格。图6-24反映了一些高速公路服务区个性化的建筑风格。

图6-25为美国某高速公路服务区个性化的圆锥形建筑与其临近路侧景观(草坪＋散植树)的协调性。

图6-26为美国某高速公路服务区主体建筑素雅大方与别有风格的加油站及周围大树草坪相协调，构建了十分悠闲的建筑空间。

图 6-22　某段高速公路服务区统一的建筑风格

图 6-23　某些高速公路服务区统一的建筑风格

图 6-24　某高速公路服务区个性化的建筑风格

图 6-25　美国某高速公路服务区个性化的圆锥形建筑

图 6-26　美国某高速公路服务区主体建筑与加油站和周围植物相协调

图 6-27 为美国某高速公路服务区建筑个性化锥顶与外侧大树草坪的协调，建筑景观简单，景观协调。

图 6-27　美国某高速公路服务区建筑个性化锥顶与外侧大树草坪的协调

图 6-28 为美国某高速公路服务区简洁的主体建筑，建筑简单朴素，给人一种与乡村环境相融的感觉，同时提供了残疾人专用坡道。

图 6-28　美国某高速公路服务区的简单建筑

6.4　管理设施设计与应用

管理设施为公路运营、管理和养护工作服务，包括管理中心（分中心）或处（所）、收费站、超限检测站、养护工区、隧道附属用房、道班房等。一般展示给社会公众的多以收费站等窗口服务性建筑（群）为主，往往收费站也是公路建筑群的艺术表征的载体，而其他建筑群（管理中心（分中心）或处（所）、超限检测站、养护工区、隧道附属用房、道班房等）往往不为社会公众所关注。本节以收费站为例介绍管理设施设计与应用。

6.4.1　收费站设计要点

（1）总图设计

收费站总图设计中，综合楼是发挥主要功能的建筑，是收费站的中心，所以，在总图设计中，应在综合考虑日照、风向等因素后，尽量将收费站综合楼布设在场区中央位置，楼前设置广场，其他附属建筑设施布置在四周，围合成一个空间，便于与外界隔离和内部管理。场区排水系统与主体排水系统相衔接。

（2）综合楼设计

收费站综合楼是为工作人员提供工作和休息的场所，包括收费监控机房、通信站、资料室、稽查办公室、财务室、维修机具间、管理用房、会议室、接待室等办公用房（图 6-29）。收费机房要设置于主楼面向收费广场方向，并设计有较大的窗户，便于通过收费机房对出入口收费进行观察及监控，也便于处理紧急突发事件，宜与通信机房集中布置，便于管

图 6-29　收费站综合楼

线布设。收费机房因为设备安装需要，尽量设计成方形大空间，房内不设柱，平面尺寸宜(7～9m)×(7～9m)，面积以不小于80m^{2}为宜，并满足4.0m以上的净高。若场地条件允许，收费监控机房与收费大棚所成视角不宜大于60°。另外，收费站房一般都设立在高速公路的出入口，出入高速公路的旅客往往把高速公路的收费站房看作当地的大门，代表一个地方的形象。因此，收费站单体建筑要结合当地人文、自然景观与周围环境融为一体。

(3)收费大棚设计

收费大棚相对高速公路工程而言，虽然其体量小，所占工程投资比重不大，但其作用、意义和重要性不能低估。收费大棚整体构造应简洁明快、美观庄重(图6-30)，体现当地建筑风格和特色，与周围的自然景观相协调。建筑师们对收费大棚的设计已不再是过去仅仅满足于遮风避雨的基本要求，而是通过先进的建筑技术、流畅的线形美感、简洁明快的造型来体现建筑艺术和技术的结合，塑造高速公路环境与建筑相互衬托的主要景观，特别是省界、城市入口主线收费站大棚是作为省界门户、城市标志，来充分展现地域人文的特点，并预示经济、文化发展的深层内涵，即使不太被人们关注的高速公路互通匝道出入口的收费大棚，建筑师们也在追求风格各异的建筑个性化，与周围自然景观、建筑群体协调统一，使驾乘人员在旅行之余更多地享受到建筑艺术之美感。对于旅游高速公路收费天棚的建筑风格应结合旅游景点、名胜古迹的历史文化背景设计。收费大棚其设计要点如下：

图6-30　简易的收费大棚

①大棚净高应与大棚建筑高度和建筑形式相适应，以达到整体协调和美观的要求。净高应大于5.5m，以确保最大限高车辆通行。对于车道较多的收费大棚，可以适当增加净空高度，避免产生压抑感。

②大棚沿道路纵向宽度应根据建筑形式而定，一般应大于16m，沿道路垂直方向应外挑至公路的路肩，使大棚能达到遮风避雨以及遮挡日晒的作用。

③若大棚立柱设在收费岛上，应控制立柱的直径和位置，以不影响收费员视线为宜。一般立柱直径不宜大于70cm。

④大棚屋面排水应通过管道集中排放至广场道路边沟，不能直接排到广场路面而影响行车安全。

⑤方案设计时，必须充分考虑大棚信号灯和站名牌布置的位置和安装方

式，并且还要考虑信号灯和站名牌布设之后对整个建筑形式所造成的影响以及最终的建筑效果。

6.4.2　收费站设计与应用

关于收费站，已经从简单的可供收费、遮风挡雨的简单功能型发展为结构艺术型和区域文化型等。图 6-31 为一些公路可供收费、遮风挡雨的简单功能型收费大棚，图 6-32 为一些高速公路结构艺术型收费大棚，图 6-33 为一些高速公路区域文化型收费大棚。

关于收费大棚与收费站的设计也越来越体现统一设计的特点，二者建筑风格统一且与周围环境相容，但结构造型存在差异(图 6-35)。图 6-34 为收费大棚与收费站的统一风格示例。

图 6-31　可供收费、遮风挡雨的简单功能型收费大棚

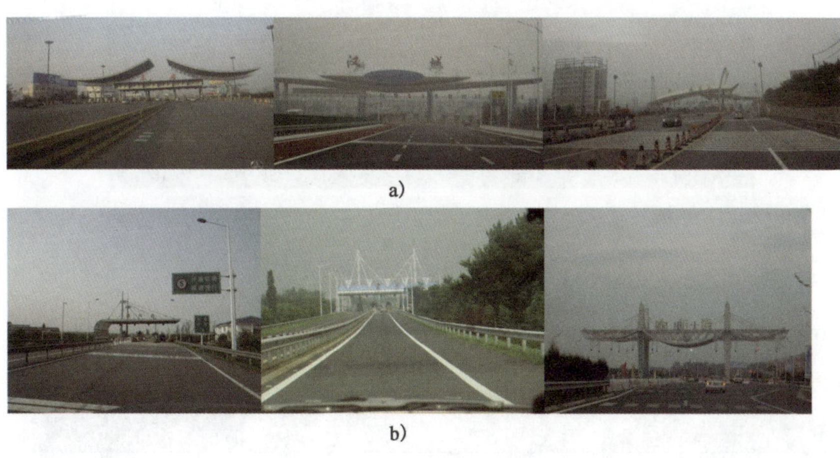

a)

b)

图　6-32

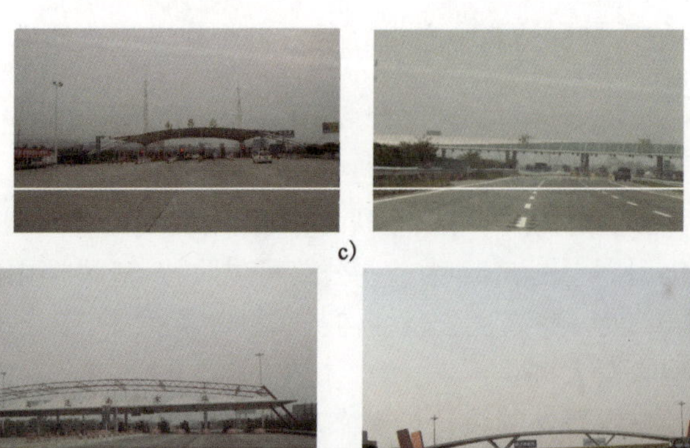

c)

d)

图 6-32　结构艺术型收费大棚

a)收费大棚应用组合造型；b)收费大棚应用杆系造型；c)收费大棚应用壳体结构；d)收费大棚应用拱形结构

图 6-33　区域文化型收费大棚

图 6-34　收费大棚与收费站的统一风格

a)

b)

图 6-35　收费大棚与收费站与周围环境相容
a)周围民居建筑风格;b)收费大棚与收费站建筑风格

第 7 章　公路建筑设计方法及文件编制

7.1　公路建筑设计与总体设计的关系

7.1.1　总体设计的内涵

几十年来，我国高速公路和一级公路的修建有了迅速的发展，公路结构发生巨大的变化。与一般公路相比，高速公路和一级公路不但主体的平纵线形指标很高，而且相应增加了路线的互通式立体交叉、分离式立体交叉、复杂的平面交叉及沿线交通工程设施等诸多工程项目。这些工程项目无论设计或施工都较一般公路的工程项目复杂得多，根据这些特点交通运输部在《公路工程基本建设项目设计文件编制办法》中要求加强了公路工程的总体设计，其目的是确保诸多工程作用连贯、相互协调、布局合理。

所谓“总体设计”，是从技术上对于路线位置与各控制点、路线平纵线形与地形及各种构造物、路线交叉、各项沿线设施的设置位置、间距等的衔接、协调与横断面之间的关系等，以及公路工程对自然环境的保护和协调、分期修建的总体布局及实施方案等，以在统筹布局的指导下系统地做好各项设计。

一般认为，“总体设计是公路设计的纲”，贯穿于公路勘察设计的全过程，根据公路功能、公路等级及其在路网中的作用进行总体设计。高速、一级公路工程需要全线进行总体布局设计，并要求在设计文件中以一定形式表达出来。对于二级及二级以下的一般对公路，也需要做好各个方面问题的考虑，并在设计文件中重点反映出来。

7.1.2　总体设计的主要内容

可行性研究阶段的总体设计主要包括以下工作内容：

①根据沿线城镇分布、产业布局、路网结构等状况和发展规划，明确公路功能、性质及其在区域路网中的地位和作用；

②根据区域内铁路、水运、航空、管道等综合运输现状和规划，确定公路在综合运输体系中的地位及其与各种运输方式的相互关系；

③根据预测交通量和建设条件综合确定项目的技术标准、道路等级及建设规模；

④根据项目区域的地形、地质、水文、气象等自然条件，确定路线走向和走廊带方案，拟定重大工程方案；

⑤根据公路在区域路网中的作用，确定路线起终点、主要控制点及与其他相交公路的连接关系。

初步设计阶段的总体设计主要包括以下工作内容：

①进一步调查和研究项目区域内城镇分布及发展规划，在符合路线走向的前提下，正确处理项目总体方案与项目区域城镇、产业布局之间的关系，按照服务区域经济的原则，合理布设路线和工程方案。

②充分研究项目区域路网现状及规划情况，调查相关道路的功能、等级、使用状况、远期改扩建的可能性，分析与本项目建设的关系。分析公路区间交通量分布情况，分析其对交叉设置方式及位置的影响，确保发挥公路功能和行车安全。分析项目区域内铁路、水路、航空、管道的运输情况，公路工程应与其形成完整、系统的综合运输体系，充分发挥综合运输效益。

③总体设计应对路线方案进行综合比选。重视对项目沿线自然生态、水资源、动植物、文物保护区、电力、通信、学校、医院、军用设施、宗教设施、矿产资源、自然及人文景观及相关环境敏感区（点）的调查与分析评估，路线布设应采取积极主动的绕避方案，不得已时应采取切实可行的保护措施。论证确定绕越、避让或整治地质病害的方案和对策。落实地质、地震、环保、水保、防洪、通航等各种专项评价、评估结论及意见、工程措施。

④恰当运用路线平纵面技术指标，合理选定路面结构、桥梁设计荷载及环境保护方案；尽量避免占用基本农田和经济作物林，并应在公路建设中采取措施造地还田；路线平纵面设计应充分考虑沿线环境及景观因素，合理确定路基、防护、排水、取土、弃土等设计方案，防止水土流失，保护自然环境。

⑤查明筑路材料供应及运输状况，工程方案的选择应就地取材，方便施工，节省工程造价。

⑥收费公路应充分论证收费制式，合理确定收费方式、主线收费站位置及其与被交公路的交叉方式等；高速公路的收费方案应考虑与区域路网收费体系的配合。

⑦分期修建的公路工程，必须按远期规划的技术标准做出总体设计，制订分期修建方案，做出相应设计。

7.1.3 总体设计的要点

总体设计要求坚持“以人为本、全面协调、可持续发展”，充分落实“安全、环保、节约、耐久、和谐”的设计理念；处理好公路工程与外部环境的关系，协调好公路路线与路基路面、桥涵、隧道、交通工程、环境景观等各专业之间的关系，合理确定技术标准、建设规模和整体设计方案，保障用路者的安全，提高公路交通的服务质量。要点如下：

①路线起、终点及与其他公路(含规划公路)的衔接方式应符合路网规划的要求，起、终点位置及建设方案应考虑为后续项目接线和具体工程实施预留足够的长度，至少应延伸至路线两个平曲线以上。

②现状道路应满足后期改扩建的需求，规划道路设计应考虑预留工程项目的实施。

③应根据公路功能、设计交通量、沿线地形、地质条件等论证确定公路等级、设计速度和设计路段；不同设计路段的衔接位置应适应衔接路段的过渡及前后一定长度范围内的线形设计；不同设计路段的衔接点宜选择在平面交叉或互通式立交的交通量变化处，也可选择在平纵线形良好、视野开阔的路段；高速公路、一级公路应分别对左、右路幅进行线形设计，通过渐变中央分隔带宽度完成过渡。

④路线方案比选要点：平原微丘区路线方案比选应考虑项目与区域路网的关系，路线控制点应以交通源及交通枢纽为基础，路线宜尽可能近捷，同时应考虑占地、拆迁、噪声及景观等因素；山岭重丘区路线方案比选应考虑路线与地形、地质、水文、生态、水资源等自然条件的关系，路线控制点的选择应以安全和环境保护为原则，对整体式与分离式路基、高路堤与高架桥、深路堑与隧道等典型工程方案，根据其特点、适用性和内在联系，及其对路线方案和平纵面布置、路基土石方数量、环境保护、道路景观、工程可靠度、工程造价等的影响，从定性、定量两个方面综合比选。

⑤路线平纵面设计及工程方案的确定应以节省占地为原则，基本农田区的路段应采取必要的工程措施节约耕地；山岭、丘陵区的路段宜根据弃土情况提出造地还田方案。

⑥公路路线平、纵、横面设计的合理性应采用运行速度进行检验；公路安全设施应根据运行速度的检验结果有针对性地设置；工程设计方案应根据建设条件合理确定，应采取必要的工程措施，确保工程设计的可靠度。

⑦路线和工程方案的选择应满足防洪、农田水利和通航及车辆运行安全

的要求。

⑧一般路段和特殊路段的横断面应根据交通量和交通组成合理确定。高速公路、一级公路应根据设计交通量论证确定车道数；具有集散功能的一级公路、二级公路应根据混合交通量及其交通组成论证设置慢车道的条件，并确定设置方式、横断面形式和宽度；高速公路、一级公路一般情况下应按照减小工程量、节省占地并方便交通运营管理等原则采用整体式路基，位于丘陵、山区时，应结合地形、地质、生态等自然条件和桥梁、隧道方案的布设及考虑降低工程造价，保护自然环境的因素，论证采用分离式路基的可行性；对于设置爬坡车道、避险车道等特殊路段，应从路线平纵面布设、交通量及交通组成、通行能力及工程设置合理性等方面综合论证其设置位置和横断面宽度及组成参数。

⑨大型桥梁、隧道、交叉、管理养护等设施的位置、间距及其设计方案应根据其功能合理确定。大型设施的间距应满足相关要求，各个设施之间的过渡应顺畅，必要时应采取切实可行的措施，确保交通安全；大型设施的设计方案应考虑与其他设施之间的相互联系，做到全面协调、总体可行；大型桥梁、隧道工程应做好两端接线设计；平面交叉、互通式立交设施应做好连接线设计；管理养护及服务设施的设置位置及规模应与区域路网中的服务设施相匹配；交叉工程应根据沿线居民的生产、生活方式现状及其发展趋势，论证确定实施和预留方案，并正确处理沿线交叉工程与其他运输方式的关系；路线布设及平面交叉、互通式立体交叉的设置应有利于与其他运输方式形成综合运输网络；与铁路、水路、管道等运输方式的交叉工程应满足相关设施正常运营和发展规划的要求。

⑩平原区公路应尽量降低路基高度，采用低路堤设计方案，减小取土数量，节省公路占地，合理确定工程取土、弃土方案；山岭区公路不宜采用高填深挖路基，应结合路线布设合理确定工程设施、取、弃土场和植被恢复设计方案，防止发生水土流失等次生灾害。

7.1.4　公路建筑设计与公路总体的关系

从上面分析可以看出公路总体设计更侧重于公路供汽车行驶的功能协调、公路内部各组成部分之间技术方面的协调，如公路线形组合、线形指标的均衡，公路各专业之间的协调等等，当然也对环境有所兼顾，重视环境保护设计。如公路的线形要素互相组合形成的立体线形，各要素之间的配合要协调，要素的变化也要有节奏，同时线形的变化还要与自然地形变化相符，使各种变化平顺、视感舒适、景观优美，让驾驶员能一目了然而不致造成观察错觉和错误操作。从保护环境及与自然环境协调出发，结合地形、地质、生态等自然条件布设桥梁、隧道等方案。

然而公路是系统的公共建筑设施，是供人们驾车运行、工作和休息的场所，公路设计在重视技术协调的基础上更应重视满足心理和美学的要求，特别是对高速公路和一级公路这一要求更为突出。

公路建筑设计是在满足公路各项基本功能、协调公路建筑与环境、心理、艺术等各种因素的基础上形成的包括公路建筑空间等的综合设计，力求使公路建成或构成一个人与自然及当地社会环境相协调的建筑群体。从此意义上讲，公路建筑学的内容涵盖总体设计的全部，公路建筑设计更加强调公路与外部环境的协调，更加注重公路总体设计之外的其他需求或追求，如对公路建筑艺术的追求，对公路节能的需求，对环境均衡协调发展的追求等。值得注意的是，公路建筑学从心理学角度研究驾驶员和乘客的心理需求，从而进行公路建筑设计，更适应不同层次的客观和主观需求。公路建筑设计的空间设计包括内部(公路本身)空间设计和外部空间设计，除适应汽车安全行驶外，更能适应人体功能需求。公路建筑设计还从建筑风格、建筑小区、建筑安全、动态视觉、建筑湿热环境及节能、光线、环境心理等方面进行系统的设计，使公路更好地适应自然与社会环境，体现人的舒适性。这些往往是传统的总体设计所难以实现的。

综上，可以概括说，公路建筑设计的内容和内涵更为全面。

7.2　公路建筑设计方法

7.2.1　基于视觉分析的设计方法

汽车在道路上快速行驶时，驾驶员是通过视觉、运动感觉和时间变化感觉来判断线形的。道路的线形、周围的景观、标志以及其他有关信息，几乎都是通过驾驶员的视觉感受到的。因此，视觉是连接道路与汽车的重要媒介。从视觉心理出发，对道路的空间线形及其与周围自然景观和沿线建筑的协调等进行研究分析，以保持视觉的连续性，使行车具有足够的舒适感和安全感的综合设计称为视觉分析。

驾驶员的视觉判断能力与车速密切相关，车速越高，其注视前方越远，而视角逐渐变小。研究表明：①驾驶员的注意力集中和心理紧张程度随车速的增加而增加。②注意力集中点和视野距离随车速而增大，高速行驶时，驾驶员对前景细节的视觉开始变得模糊不清。③视角随车速增加逐渐变窄，高速时驾驶员已不能顾及两侧景象。由此可见，对于快速道路来说，驾驶员的主要集中力是观察视点较远路幅的线形状况，必须使驾驶员明白无误地了解前方线形变化，尽量避免由于判断错误而导致驾驶失误。

所谓线形状况是指道路平面和纵面线形所组成的立体形状，汽车快速行驶中给驾驶员提供的连续不断的视觉印象。该视觉印象的优劣，除依靠设计者对三维空间的想象判断之外，比较好的方法是利用视觉印象随时间变化的道路透视图来评价。它是按照汽车在道路上的行驶位置，根据线形的几何状况确定的视轴方向以及由车速确定的视轴长度，利用坐标透视的原理绘制的。透视图不仅可以判断平面线形和纵面线形以及公路和风景是否协调，而且小至超高过渡段的连接，大至构造物的设计，差不多在公路几何设计的所有领域都可以利用。在设计中用透视图检查出存在缺陷的路段可随时修改，然后再绘制透视图分析研究。因此，绘制透视图是视觉分析的较好方法。

随着道路等级的提高，人们对道路线形的审美要求和道路与周围景观的协调性越来越重视。道路透视图是路线计算机辅助设计的重要组成部分，可以使设计者在设计阶段获得形象逼真的道路全貌，如图7-1所示，它可以检查路线设计的线形质量以及道路与周围景观的协调程度，并籍此作为修改设计的依据。

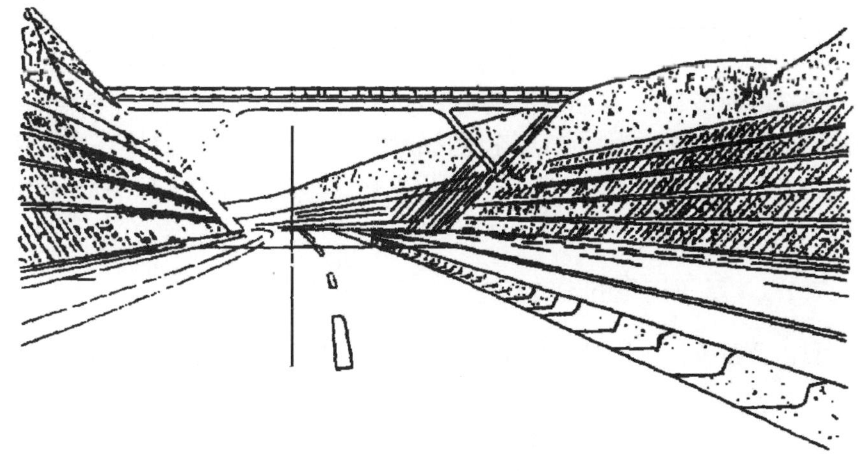

图7-1　透视图

道路透视图有线形透视图、全景透视图、复合透视图和动态透视图等。线形透视图，只绘出路面线以内的线条，这种透视图主要用来检查驾驶人员眼中的立体线形是否顺适，或走向是否清楚。全景透视图是在线形透视图的基础上，将路线走廊内的景观全面地描绘出来，主要用来检查路线线形同周围景观的协调程度。复合透视图将线形透视图与照相技术相结合，最后以照片形式反映公路与周围景观的配合情况，这种透视图不全是计算机的产物。动态透视图以移动的画面模拟汽车行驶时驾驶员所感受到的道路情况，对一些条件复杂、比选方案困难的地段，可通过大屏幕动态显示路线全景透视图，这对提高设计质量有很大帮助。

计算机可以绘制任何视点位置和视轴方向的透视图。在实际应用中，应根据透视的目的和透视图的种类来选择不同的视点位置和视轴方向，当然也可由计算机自动选取。例如，绘制驾驶员透视图，视点应取驾驶员在道路上眼睛的位置。视高一般采用1.0～1.5m，视点离中线约1m为宜，视轴方向应根据线形的几何状况确定。而对于鸟瞰图，视点可高出路面20m或更高，视轴可根据实际情况选取。

根据车速与可视距离和车前距离的关系，透视图的绘制范围一般为20～700m。为了保证透视图的精度，横断面间隔建议如表7-1所示。

透视图横断面间隔 表7-1

绘制范围(m)	横断面间隔(m)	备　注
0～50	5	
50～150	10	
150～370	30	
>370	仅取平曲线起点、中点、终点、竖曲线中点	

当横断面确定后，绘制线形透视图，可以选取横断面上的路中心点、路面边缘点和路基边缘点为物点；而全景透视图，除了上述这些点外，还应包括边坡坡脚点和横断面地面线上的一些高程变化点。对于有中央分隔带的公路，还要选取中央分隔带左、右边缘点为物点。

7.2.2 基于三维的设计方法

目前公路设计人员对于路线方案的选择和路线平纵指标的掌握，往往是通过实地勘察和路线设计规范中的平纵线形组合模式，基于公路CAD进行路线设计，是典型的二维设计模式和条框模式。在拟定完路线设计方案以后，二维公路线形设计的习惯做法是先进行平面线形设计，后进行纵断面线形设计(设计流程见图7-2)。

这种方法较之以前的公路CAD未开发之前，应该说在技术、质量和进度方面均产生质的飞跃，但随着计算机技术的快速发展以及对技术、质量和进度

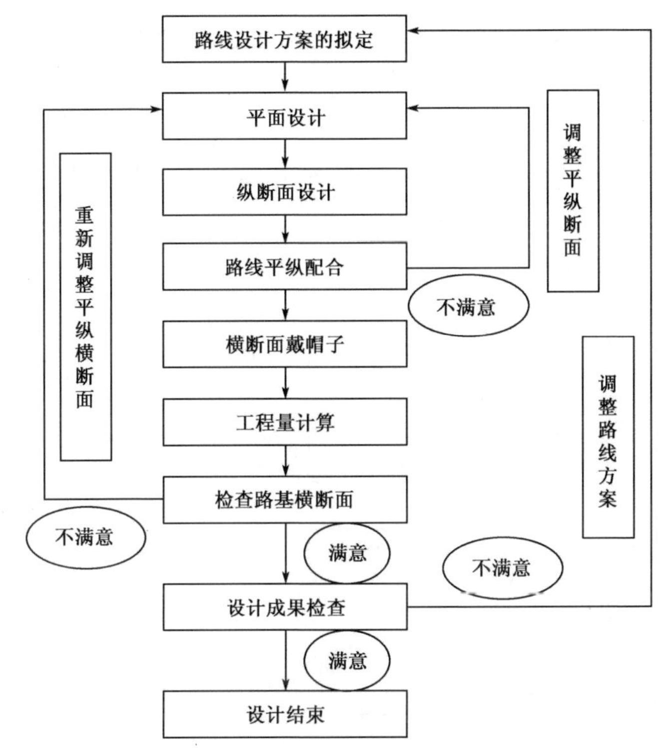

图 7-2　二维路线设计方法流程图

的进一步高要求的提出，三维技术越来越得到青睐。

三维路线设计可以实现用立体模型检验立体的公路，是一种值得推广到所有新建及改建公路设计中的设计方法，用数据模型构建立体的公路实体，改变以往的利用平面检验立体、二维检验三维的方法，它是公路设计理念的重要变革，对提高公路设计质量有着重要的作用。其中，三维动画技术在路线设计中的应用随着实现方法的不断改进，必将向着集成化、一体化、多功能化的方向发展，可以改变视点，对公路及其周围环境配合情况进行多角度观察。可以根据速度，反映汽车行驶过程中，加速、减速及转向过程中偏离中心线的信息。

图 7-3 是三维动画技术的设计流程图。

图 7-4 为采用纬地道路辅助设计系统，利用路线设计数据及地形图数据建立数据模型，从行车时驾驶员的角度生成的公路全景透视图，路基中各位置的高程、坐标、边沟、边坡、护栏等的高度尺寸可以精确表现。

在此基础上，可以经过渲染、制作后，即可制作成漂亮的公路全景三维透

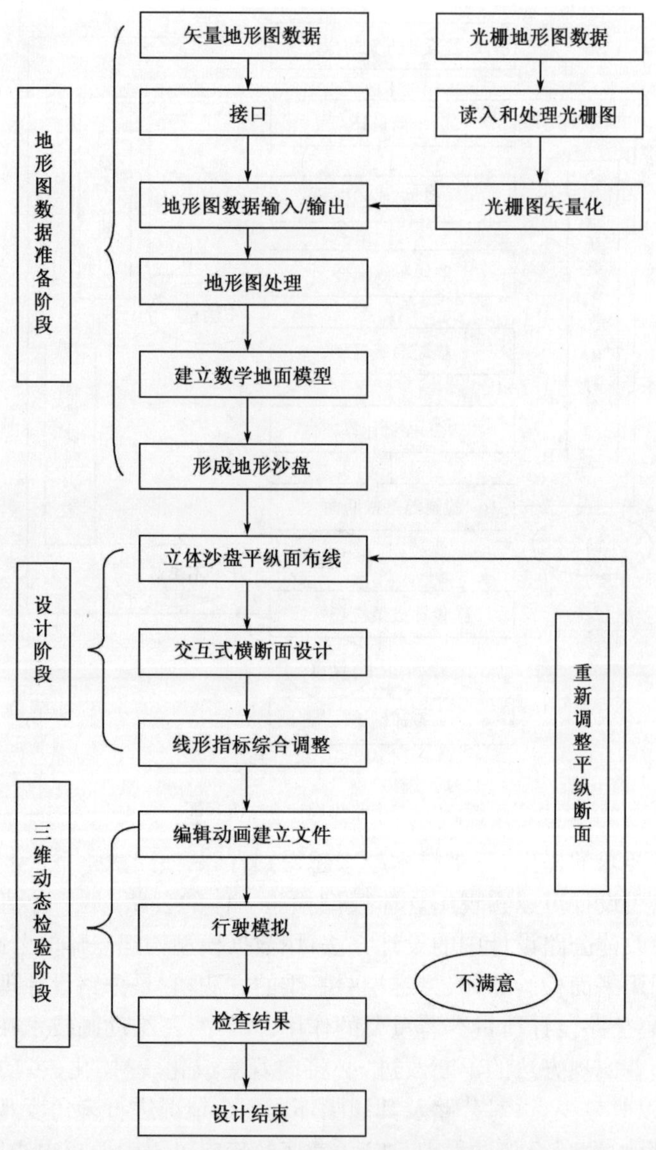

图 7-3　三维动画技术的设计流程图

视图或公路动态全景三维透视图(公路动态仿真模型),如图 7-5 所示。

纬地道路三维漫游系统 Virtual Road 是基于 DTM 和平、纵、横设计数据实时生成地面、道路、桥梁、隧道等三维真实模型,采用 OpenGL 赛车游戏开发技术,用户可自由添加汽车、树木、标志等,也可随意定制物体的表面色彩纹

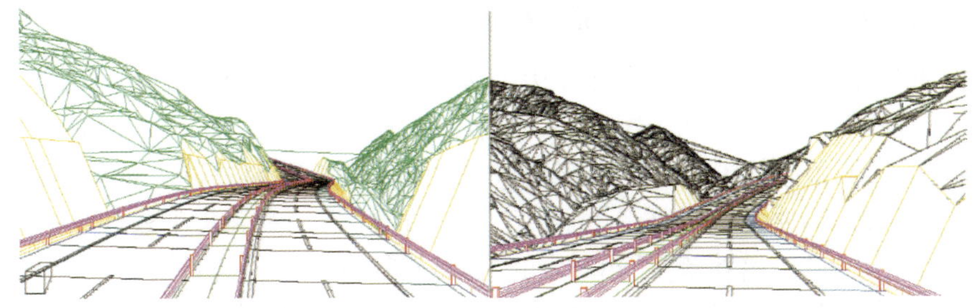

图 7-4　公路全景透视图

理，实时进行任意位置、视点、高度、速度的三维全景行车(或飞行)，不仅可以方便地对在建(或已建)公路进行三维的动态实时虚拟浏览，直观的检查线形视距、安全性和评价道路景观等，而且还可以将整个(或部分)过程制作成AVI动画，方便地应用于路线方案的汇报展示等，从而直观的体现项目的优点、难点和重点。浏览状态主要有三种模式：行车状态浏览、飞行状态浏览、摄像状态浏览。其中行车状态浏览模拟汽车行驶，从驾驶员的视角观察汽车在路线上行驶状况，展示沿途路线与地形的位置关系(图 7-6)。飞行状态浏览模拟飞机行驶，从飞行员的视角观察飞机在路线上空飞行状态，观察沿途地形、地貌特征。

图 7-5　基于公路动态仿真模型的动态全景三维透视图

图 7-6　行车状态浏览模拟

采用三维虚拟数字仿真技术，在三维数字地面模型的基础上采用虚拟仿真技术构建工程实体数字模型，可以检验工程设计合理性，研究工程设计的空间特征、研究动态的心理适应性与行车环境，研究工程与艺术的结合点、结合面和具体方案，也可以直观地检验路线布设与周围建设环境的协调性，路基、防护与排水、桥涵、隧道、景观等工程布设是否合理，并可随机获取设计数字信息，进行必要的优化设计。

7.2.3　基于多学科多维的公路建筑设计方法

在房屋建筑方面，建筑设计经历了从工匠的修建到建筑师的专业设计过程，现代建筑设计可以看成思维与灵感的结合、科学与艺术结合。不同时期、不同人员、不同条件的建筑设计，其表现形式和内容及侧重点均具有一定的差异。

同样地，公路设计也是经历了从工匠的修建到设计师的专业设计过程，现在我们提出与“公路建筑学”相对应的“公路建筑设计”，是公路设计的一个飞跃，相应的设计方法也经历了从经验积累到科学方法的运用与创作，一些数模技术、3D模型、视觉效果图等常常被应用到具体设计之中，初步形成了将卫星遥感技术、全球定位系统、地理信息系统、航测技术等为载体的基于计算机辅助设计软件的道路自动化设计技术。

公路建筑设计是在满足公路各项基本功能、协调公路建筑与环境等各种因素的基础上形成的公路建筑空间设计，其发展趋势为集成为包括环境、心理、艺术、视觉、安全等等在内的综合多维设计技术。

设计中，首先将公路这个线性建筑群体作为研究对象，带状的建筑群功能具有一定的特殊性，艺术表现形式也与普通建筑群不同；其次将公路建筑群的功能和公路行为人的心理需求作为设计目标，将公路与周围环境以及公路本身各要素之间分析作为设计输入，可采用手绘技术、三维地形图、数模技术、立体化设计、可视化设计、3S系统、3D模型、模拟行车动态视觉效果图等等作为表达方式，这样越来越多相关领域知识被运用到设计中，如心理学、行为学、模型学、拓扑学、计算机辅助技术等。

近些年来，公路美学、交通心理学得到较快发展，特别是对高速公路和一级公路更为突出。人们在满足交通运输基本需求的同时，期望得到一个赏心悦目的出游环境，这样公路提供给使用者的不仅仅是一个可供车辆行驶的带状空间，还是一个旅游空间，可供人们驾车行驶、工作和休息的场所。这样，多学科、多维的思维方法和新型建筑设计方法已经且必将应用于公路建筑群的设计。

比如，之前的公路环境，多为环境保护方面的设计。而今，不仅仅发展到公路景观的需求设计，而且环境设计也不仅仅立足于之前环境污染的防治与保护，其内容还包括了公路节能、公路减排和公路系统环境的设计以及服务环境和应急救援、管理软件等等的综合环境设计，是一个系统庞大的环境设计，比之公路总体所要求的“公路内部指标的均衡和强调公路与外部环境的协调”，其外延扩展许多。随着人们生活水平的提高，驾驶舒适性和乘车舒适性已经提到一定的高度，相应的驾驶和乘车心理学的研究将进一步推进公路建筑群在建筑安全、动态视觉、建筑湿热环境及节能、光线、环境心理等方面的系统设计，形成多维公路建筑设计方法。

7.3　公路建筑设计文件的编制

房屋的设计一般包括建筑设计、结构设计和设备设计等 3 个部分，其中建筑设计是建筑功能、工程技术和艺术的结合。通过分析《建筑工程设计文件编制深度规定》(2008 年版）和《公路工程基本建设项目设计文件编制办法》(2007 年版)，针对初步设计阶段进行比较，可以看出：建筑工程设计文件包括设计总说明、总平面和各专业设计（包括建筑、结构、建筑电气、给水排水、采暖通风与空气调节、热能动力、概算等专业），公路工程设计文件包括总体设计（总体设计中包括设计说明和总体设计图表）以及各专业设计（包括路线、路基路面、桥梁涵洞、隧道、路线交叉、交通工程及沿线设施、环境保护与景观设计、设计概算等专业，以及其他工程、筑路材料、施工方案和附件基础资料)，总体上二者基本相近，多是先总的设计（建筑工程称之为总平面，公路工程称之为总体设计)、后专业设计，如表 7-2，表 7-3 所示。

建筑工程设计初步设计阶段文件构成　　表 7-2

序号	篇	主要内容	细　节
1	设计总说明	工程设计的主要依据	
		工程建设的规模和设计范围	
		总指标	
		设计特点	
		提请在设计审批时需解决或确定的主要问题	
2	总平面	设计说明书	1. 设计依据及基础资料
			2. 场地概述
			3. 总平面布置
			4. 竖向设计
			5. 交通组织
			6. 主要技术经济指标表
		设计图纸	1. 区域位置图（根据需要绘制）
			2. 总平面图
			3. 竖向布置图

续上表

<table>
<tr><th>序号</th><th>篇</th><th>主要内容</th><th>细　节</th></tr>
<tr><td rowspan="2">3～9</td><td rowspan="2">各专业设计，包括建筑、结构、建筑电气、给水排水、采暖通风与空气调节、热能动力、概算等专业</td><td>设计说明书</td><td rowspan="2"></td></tr>
<tr><td>设计图纸(平面图、立面图、剖面图)、主要设备表等</td></tr>
</table>

公路工程设计初步设计阶段文件构成　　表 7-3

<table>
<tr><th>序　号</th><th>篇</th><th>主要内容</th><th colspan="2">细　　节</th></tr>
<tr><td rowspan="3">1</td><td rowspan="3">总体设计</td><td>1.项目地理位置图</td><td colspan="2"></td></tr>
<tr><td rowspan="2">2.说明书</td><td>1)概述</td><td>(1)任务依据；
(2)设计标准；
(3)扼要说明测设经过；
(4)路线起终点、中间控制点、全长、沿线主要城镇、河流、公路及铁路等；
(5)可行性研究报告批复意见的执行情况；
(6)其他需要说明的事项</td></tr>
<tr><td>2)建设条件</td><td>(1)项目区域城镇现状布局、规划与拟建项目的关系；
(2)项目区域路网现状、规划与拟建项目的关系；
(3)沿线自然地理条件及对项目的影响；
(4)沿线环境敏感区(点)重要设施的分布及对项目建设的影响。包括：自然生态、水资源、动物、文物等保护区，电力电讯、学校、医院、军用、地震、气象、宗教等设施，矿产资源，自然及人文景观等；
(5)公路区间交通量分布状况及对交叉设置方式的影响，附“公路区间交通量分布图”；
(6)交通组成特点对项目的影响；
(7)沿线土地资源状况及对项目的影响；
(8)项目区域内铁路、水路、航空、管道等运输方式情况，及对项目的影响；
(9)各种专项评价、评估结论(地质、地震、环保、水保等)及对项目的影响；
(10)筑路材料供应、运输情况及对项目的影响；
(11)有关部门对重大问题的意见，沿线居民的要求或建议；
(12)其他</td></tr>
</table>

续上表

序号	篇	主要内容		细　　节
1	总体设计	2. 说明书	3)总体设计	(1)根据对项目建设条件的综合分析，提出项目设计指导思想，制订设计原则； (2)路线起终点论证，及与其他公路(含规划公路)的衔接方式。采用分期修建方案时，起终点的近期实施方案及远期的设计预留方案； (3)技术标准及主要技术指标的采用情况，不同技术标准之间的衔接过渡情况； (4)路线总体设计方案。附“路线总体设计方案平面布置图”，含比较方案，要求同“路线平、纵面缩图”； (5)设计速度≤100km/h 路段车辆运行速度模拟检验结论； (6)安全设计措施； (7)公路一般路段与特殊路段(如爬坡车道、紧急避险车道等)的横断面布置方案(组成、宽度、构造及设施)的设置情况； (8)沿线大型桥梁、隧道、交叉、服务设施的设置位置、间距，设计方案之间的相互关系及协调情况； (9)沿线交叉工程与其他交通方式的协调情况，以及与当地生产、生活需要的适应情况； (10)管理、养护、服务设施的设置情况； (11)全线土石方情况，取土、弃土方案； (12)占用土地情况及节约用地措施； (13)与沿线环境及景观的协调情况； (14)分期修建方案及其比选结论； (15)各种筑路材料的采用情况； (16)新技术、新材料、新设备、新工艺等的采用情况； (17)设计概算； (18)下阶段需要深入解决的问题； (19)下阶段需要进行试验、研究的项目； (20)需要说明的其他事项
			各专业设计说明	包括路线、路基路面、桥梁涵洞、隧道、路线交叉、交通工程及沿线设施、环境保护与景观设计、设计概算等专业以及其他工程、筑路材料、施工方案和附件基础资料

续上表

<table>
<tr><th>序号</th><th>篇</th><th>主要内容</th><th colspan="2">细　节</th></tr>
<tr><td rowspan="4">1</td><td rowspan="4">总体设计</td><td rowspan="4">3. 图表及附件</td><td>1）路线平、纵面缩图</td><td>—</td></tr>
<tr><td>2）主要技术经济指标表（推荐方案）</td><td>—</td></tr>
<tr><td>3）附件</td><td></td></tr>
<tr><td>4）总体设计图表</td><td>(1)路线方案比较图；
(2)公路平面总体设计图；
(3)公路标准横断面图；
(4)运行速度曲线图；
(5)运行速度计算表；
(6)公路分期修建方案设计图</td></tr>
<tr><td>2～9</td><td colspan="4">各专业设计，包括路线、路基路面、桥梁涵洞、隧道、路线交叉、交通工程及沿线设施、环境保护与景观设计、设计概算等专业</td></tr>
<tr><td>10～13</td><td colspan="4">其他篇章，包括其他工程、筑路材料、施工方案和附件基础资料</td></tr>
</table>

笔者认为，推行公路建筑设计（广义的公路总体设计）之后，可以继续保留现行《公路工程基本建设项目设计文件编制办法》的文件构成，将总体设计调整为："公路建筑总体设计"，强调"公路建筑总体设计"是公路建筑群的总体设计，新增加公路建筑设计中包括的要素设计内涵或内容（原总体设计未考虑的要素，如公路建筑空间设计、心理要素、视觉设计、艺术设计、建筑小区划分、建筑风格、建筑节能、建筑文化等等内涵或内容）。相应的，说明及图表中可增加心理分析、视觉分析、艺术空间、建筑小区的划分及分析、建筑风格的定位及建筑外形、公路文化组成等等内容。对应的，设计人员中"公路建筑师"在其中应显得更为重要，景观设计师和路线工程师并不能取代公路建筑师。

参考文献

[1] 中华人民共和国行业标准. JTG B01—2003 公路工程技术标准[S]. 北京:人民交通出版社,2003.

[2] 中华人民共和国行业标准. JTG D20—2006 公路路线设计规范[S]. 北京:人民交通出版社,2006.

[3] 杨少伟. 道路勘测设计[M]. 北京:人民交通出版社,2004.

[4] 张雨化. 道路勘测设计[M]. 北京:人民交通出版社,1997.

[5] 中华人民共和国交通运输部. 公路工程基本建设项目设计文件编制办法. 北京:人民交通出版社,2007.

[6] 方左英. 路基工程[M]. 北京:人民交通出版社,1996.

[7] 方福森. 路面工程[M]. 北京:人民交通出版社,1990.

[8] 范立础. 桥梁工程(上册)[M]. 北京:人民交通出版社,2001.

[9] 顾安邦. 桥梁工程(下册)[M]. 北京:人民交通出版社,2002.

[10] 姚玲森. 桥梁工程[M]. 北京:人民交通出版社,1995.

[11] 陈艾荣,等. 桥梁造型[M]. 北京:人民交通出版社,2005.

[12] 王毅才. 隧道工程[M]. 北京:人民交通出版社,1987.

[13] 交通部第二公路勘察设计院. 公路设计手册—路基[M]. 北京:人民交通出版社,1997.

[14] 邓学均,黄晓明. 路面设计原理与方法[M]. 北京:人民交通出版社,2001.

[15] 沈金安. 国外沥青路面设计方法总汇[M]. 北京:人民交通出版社,2004.

[16] 李昆. 滨海新区集疏港道路柔性基层沥青路面结构研究[D]. 陕西:长安大学硕士学位论文,2010.

[17] 姚祖康. 公路设计手册 路面[M]. 北京:人民交通出版社,1998.

[18] 徐家钰,程家驹. 道路工程[M]. 上海:同济大学出版社,1995.

[19] 陕西省交通厅. 农村公路[M]. 北京:人民交通出版社,2006.

[20] 孙德栋,彭波. 沥青路面设计与施工技术[M]. 河南:黄河水利出版社,2003.

[21] 刘中林,等. 高等级公路沥青混凝土路面新技术[M]. 北京:人民交通出版社,2002.

[22] [美]杰克. E. 英格尔斯(Jack E. ingels)著. 景观学[M]. 曹娟,吴家钦,卢轩,译. 北京:中国林业出版社,2008.

[23] [美]美国土木工程师协会公路分会,公路路线设计几何与美学委员会编著.实用公路美学[M].交通部第一公路勘察设计院,译.北京:人民交通出版社,1981.

[24] 周波.建筑设计与技术[M].北京:清华大学出版社,2007.

[25] 霍明.山区高速公路勘察设计指南[M].北京:人民交通出版社:2003.

[26] 李祝龙.公路环境与景观设计咨询要点[M].北京:人民交通出版社,2011.

[27] 俄联公路部.公路建筑与景观设计规范(中译本),1987.

[28] 中华人民共和国行业标准.JTG B04—2010 公路环境保护设计规范[S].北京:人民交通出版社,2010.

[29] 沈耀良,汪家权.环境工程概论[M].北京:中国建筑工业出版社,2000.

[30] [美]麦尔比(Melby,p),[美]开尔卡特(Cathcart,T),著.可持续性景观设计技术:景观设计实际运用[M].张颖,李勇,译.北京:机械工业出版社,2005.

[31] 刘红建.润扬大桥色彩涂装设计[J].公路与自然,2005,12(5):38-41.

[32] 霍三胜.山区旅游公路测设要点[J].山西交通科技,2003.

[33] 李国兵,张勇,易健晖.漳州战备大桥景观设计夜景照明设计[J].桥梁建设,2002(01).

[34] 江苏省交通工程建设局,中交第一公路勘察设计研究院有限公司,长安大学.江苏省高速公路声环境保护技术措施研究[R].江苏,2009.

[35] 王峥,蔡玲.宁杭高速公路沿线景观设计浅谈[J].公路,2005(3).